标准数独的49个技巧

小向 著

中国纺织出版社有限公司

内 容 提 要

标准数独是人们最熟悉的数独类型，与各种令人眼花缭乱的变形数独相比，它更容易上手，也是变形数独的基础。通过大量标注候选数来机械选数，或者单纯猜数，当然也能解出题目，但一定缺少思考的乐趣。本书结合盘面介绍了标准数独的各种技巧，有你熟悉的常用的，也有你为所未闻，甚至看懂都需要一番琢磨的，可是数独的真正乐趣不就是发现规律掌握技巧，觉得必须去刷题检验自己吗？因此，本书还为你准备了有各种难度的题目，你可以边学习技巧边刷题，也可以了解各种技巧之后再去挑战一番。

图书在版编目（CIP）数据

标准数独的49个技巧 / 小向著. --北京：中国纺织出版社有限公司，2020.1
ISBN 978-7-5180-6721-3

Ⅰ.①标… Ⅱ.①小… Ⅲ.①智力游戏 Ⅳ.①G898.2

中国版本图书馆CIP数据核字（2019）第208554号

策划编辑：郝珊珊　　责任校对：寇晨晨　　责任印制：储志伟

中国纺织出版社有限公司出版发行
地址：北京市朝阳区百子湾东里A407号楼　邮政编码：100124
销售电话：010—67004422　传真：010—87155801
http：//www.c-textilep.com
E-mail：faxing@c-textilep.com
中国纺织出版社天猫旗舰店
官方微博http：//weibo.com/2119887771
三河市宏盛印务有限公司印刷　各地新华书店经销
2020年1月第1版第1次印刷
开本：710×1000　1/16　印张：13
字数：314千字　定价：45.00元

目 录

了解数独元素

您好！欢迎来到标准数独的世界！从现在开始，您将步入标准数独的殿堂，并学习到迄今为止最为专业的数独技巧。如果您还没有任何基础的话，接下来就请跟着我来吧！

数独是一种可爱的益智游戏。它需要您在空格内填入1到9的其中任意一个数字，使得每一行、每一列以及每一个正方形的小九宫格内的数字都不能有重复数字。例如下面三个数独盘面格子（以后均简称盘面）所示，分别是行、列和小九宫格（以后均简称为宫）不重复的情况。

4	9	2	3	5	7	8	1	6

行

盘面 1

				4				
				1				
				9				
				2				
				3				
				5				
				8				
				6				
				7				

列

盘面 2

宫

2	4	7						
9	1	6						
3	8	5						

盘面3

所谓的行（Row），就是每一横排；而列（Column），指的就是每一竖列；那么每一个小九宫格（宫）（Block），指的是图中用粗线围住的3×3的九宫格区域。当然，整个盘面的每一行、每一列和每一个宫都得做到像上面三个图所示的那样，不重复。但是，如果您发现某一行、某一列或者某一个宫内，有两个数字是相同的话，那就一定错了。因为这并不满足数独的相应规则。

数独，顾名思义，数字的出现必须要“独”，也就是不得重复。但是“独”不仅仅只有这个意思，它还有一“独”，那就是任意合格数独盘面都只有唯一的一个答案。也就是说，每一个格子，或叫**单元格**（Cell），都只有唯一的一种填法。这样才能真正体现数独的“独”的特性，这样才叫“独”之道。

请注意一点，前面给出的盘面都不是真正意义上唯一答案的盘面，因为仅给出的几个数并不足以让题目形成唯一的答案。那么在最开始的情况下，就必须得让题目有一定的、能给我们推理的“提示数字”，这样的数字称为**提示数**或者**已知数**（Hint/Given）。那么初始情况下，必须至少给出多少个提示数，才能保证题目只有一个答案呢？这个数字可能会让你觉得匪夷所思——17。不过这个数字具体是怎么求得的，就不在这里展示了，它牵涉到大量的数学知识。虽然只有17个提示数的题目就可能保证题目只有一个答案。但是，这也只能是“可能”保证。因为随机给定了17个提示数的题目很可能不具有唯一答案。

后续内容中，会将“唯一答案”换一种说法，称为“唯一解”；含有多个答案的题目称为“多解题”，没有正确答案的题目称为“无解题”。多解题和无解题都是我们应该避免去触碰的题目，因为它们是由于出题过程中的不严谨导致出错的“劣质题目”，但很多时候，我们往往不能直接从题目本身看出这道题是否有唯一解，所以它还会耽误大量的时间，这一类题目我们应当避免去做。

数独小历史

数独的起源一直是备受争议的话题。有人说它最早来源于欧拉的拉丁方块（没有宫的规则的标准数独），而有一部分人说，数独发源于一个工人；也有人称，数独起源于中国的洛书。

我们不能确认最终谁是对的，但它的发展确实有很长的历史了。先是风靡了欧洲和美洲，然后大约在20世纪传入亚洲，并在日本发展和推广，其中主要做推广的是Nicoli公司。数独最早被称为“填方块”（Number Place），日本为其取名为“数字具有唯一的限定条件（的游戏）”（数字は独身に限る）。之后，由于日文版的名字太长，随后被简化成了两个字——数独，并沿用至今。

中国大陆推广数独最早在2006年前，然而效果一直不佳，直到2008年开始，才逐渐风靡起来。

现在，数独已经广泛进入各大学校，并作为奥林匹克数学的相关考题。各大学、中学，甚至小学，也有数独的相关社团和数独活动。

数独的坐标表示

在数独中，我们要描述一些相关说法时，就产生了坐标的概念。每一行我们记为字母A到I，而每一列我们记为数字1到9。那么在第3行的第6格我们就会简记为“单元格C6”，而其前面的“单元格”这三个字可以被省略。可不要小瞧这些写法哦，后续的使用都会采用这一种描述形式。而且目前中国的数独界，可都是采用这一种描述方式。

	1	2	3	4	5	6	7	8	9
A			9						
B									
C							5		
D									
E					1				
F									
G									
H							6		
I									

盘面 4

	1	2	3	4	5	6	7	8	9
A			9						
B	第	一	宫	第	二	宫	第	三	宫
C							5		
D									
E	第	四	宫	第	五	宫	第	六	宫
F									
G									
H	第	七	宫	第	八	宫	第	九	宫
I									

盘面 5

如盘面4所示。上面有4个数字，那么我们可以将“第5行第5格内是数字1”简记做“E5=1”；同理，其他的3格可以记作A3=9、C7=5和H7=6。单独只说第3行的话，就可以直接记作“行C”，第6列就记作“列6”。如果问单元格在哪个宫，则是按照从左到右、从上到下的顺序依次排序得到的宫的编号，例如A3在宫1内，C7在宫3内等，如盘面5所示。

这就是行、列、宫、格以及坐标的介绍。

现在，我们已经具有基本的能力了！有了这些知识的话，我们就可以真正开始数独逻辑的盛宴了！

技巧1　数独技巧简介

标准数独大体可以分为3个类型。

第1类，可以根据数独的规则，直接观察就可以填入数字的题目，这一类只会使用到一些简单的逻辑推理方法；

第2类，不能够只靠这一些技巧来完成题目，而还需要借助一些我们已经发现到的、已经形成结构化的技巧（定式技巧），才能完成的题目；

第3类，则是根据定式技巧都没法完成的题目，而还需要自身寻找一系列数字（可以同一种数字，也可以不同种数字）之间的关系，形成思路链条和思路网，从而进行删数的题目，这样的题目难度往往特别大。

例如，如盘面6所示。

这是一个数独盘面。每一个空格子内都有很小的数字，这些我们称之为候选数，它表示在当前格子内可以填入的所有情况。但是，一般情况下

1	5	9	8	3	6	2	4	7
6	7 8	2 4 7	2 4	2 4 9	1	5	8 9	3
4 8	3	2 4	7	2 4 9	5	1 8 9	6	1 8 9
7	4	3	5	6	2	8 9	1	8 9
5	6	1	3	8	9	4	7	2
9	2	8	1	7	4	3	5	6
3	1 8	5	9	1 4	7	6	2	1 4 8
4 8	1 7 8 9	4 6 7	2 4 6	1 2 4	3	1 8 9	8 9	5
2	1 9	4 6	4 6	5	8	7	3	1 4 9

盘面6

（比如比赛或做题过程之中），候选数都是默认不标注出来的，这意味着，如果题目简单，不需要这些候选数就可以完成题目，这也就是第1种题目；而题目稍微有点难度，就需要自己标注。所以这一类题目不如第1种题目简单。另外，黑色数字表示题目给出的提示数，带有下划线的数字为做题时填入的数字，下面的盘面将不再解释。

技巧分为两种，一种为逻辑技巧，即利用逻辑思维进行假设推理，得到结论的技巧；一种为**试数**（Try &Error），即没有任何逻辑，但容易理解、并且效率较高的技巧。前者具有逻辑推理，比较符合数独的思想和理念，所以我们一般尽量避免使用试数，而使用逻辑方法完成题目。

技巧2　宫排除法（Hidden Single in Block）

摒除法，或排除法，是最为简单、基础的解题技巧。由于标准数独的规则中说到“填入数字使得每一行、每一列以及每一个宫内的数字均不重复”，而每行、每列以及每宫都有9个单元格，又必须填入1~9这九个数字，所以我们就知道，1~9这9个数字，每个数字都要出现，而且每一个数字都恰好只出现1次。正是因为1~9都要出现，所以我们有了这样一种技巧。

它被分为两种类型。宫摒除法是在宫内进行摒除的办法。如盘面7所示：

		3						
6					4	7	1	3
1				3		6	4	2
4	3		6					
2		6				8		1
					9		6	4
3	7	5		4				6
8	1	4	2					5

盘面 7

如盘面7所示。我们可以观察到，数字3在宫1内只有唯一的一个位置可以填，就是A3。由于列1、列2中已经出现了3，并且行B、行C也出现了3，所以在宫1内，3的位置将不得出现在A1、A2、B2、B3、C2、C3这6格。而由于宫1内必须出现数字3，所以只能填入A3处。因此，A3=3，即如盘面7所示。

以上技巧由于在宫内得到结论，所以就被称为**宫摒除法**或**宫排除法**。

宫摒除法是在宫内进行摒除的方式，而**行列摒除法**则是在行或者列中进行摒除的方式。下一页的例子将清晰地给出。

技巧3　行列排除法（Hidden Single in Row/Column）

	3	9		4	1		7	
		2		8				
		8					6	1
8			7		6			4
		7		3		5		
2			4					7
7	8							
3				6		7		
	2		9	7		3	4	

盘面8

如盘面8所示。我们可以观察到，在列1中，数字3的位置仅仅只能填在列1的H1处，因为列1内有6个空格，提示数3的位置使得A1、B1、C1、E1和I1这5格不得填入3，因此3被理所当然地“框”在了H1处。所以H1=3。这样就被称为行列摒除法或行列排除法。行列摒除法分为两种，一种是**行排除法**，即关于某一行进行摒除；而另外一种是**列排除法**，即关于某一列进行排除。

在做题过程中，可以采用图中的这种划线的方式来看，会很轻松。上题是关于列1进行排除的，所以它被称为列排除法。而盘面9有一个行排除法，请找出来。

4		6	8	9				
					3	2		8
	7						9	
					9	7	2	
				5				
	8	4	7					
	6						4	
9		3	1					
				2	7	9		6

盘面9

技巧4　区块排除法（Locked Candidates）

区块排除法是直观题目下的特殊的排除法，它和之前的排除法有些许的不同。它分为两种情况。

1								
	4	9	2	6	3			8
8		2	1	7	5		4	
2	9	1	7				8	
4	8			2			7	1
	7				1		2	
			4	3	2	8		
9		8				4	3	
		4						5

盘面10

如盘面10所示。我们发现在宫2中，数字4的位置无论是在A5还是A6，都恰好在行A。但是无论哪种情况，这两个位置都必须有一个数字填入4，因此行A的其余位置都不能填4。D9和F9同理。此时我们发现，宫3仅仅只有C8可以填4。所以C8=4。

这种技巧被称为区块摒除法，而下面这个例子则为另外一种区块排除方法，只是推理过程稍微反了一下。

6				9		5	2	
5	2	1				9		
8	3	9	4	2	5		7	
9								2
3	4	5	2		9	8		
2								
	9	2		4	8		6	5
	5	6	9		2	7	8	
	8	3	5	6		2		

盘面11

如盘面11所示。我们观察到，在列7上，填4的位置只剩下了D7和F7这2个单元格，而C7被C4（4）排除了，G7被G5（4）排除了，其余位置被提示数和填入的数字占据了，因此只能填入到D7和F7之中。但是不管哪一个是4，这一宫（宫6）内，其余位置都不能再填有4。毕竟宫6的填4的位置也刚好只能在D7和H7之中。那么观察行E，我们发现，最终行E填入4的位置仅仅只有一个位置——E2。因此，E2=4。

在做题过程中，可以采用图中的这种涂色（或者把涂色改为划线）的方式来看，不过这里由于是区块排除法，所以有些地方不一定很直观，就得需要自己做题中进行锻炼，才能很快看到它们。

技巧5　唯一余数法（Naked Single）

	2		6	9				
1			5					
		7	8		1	3		
9			1	5	8	4		3
	4	8		6		1	9	5
5			9					6
4		9	7		5	2		
			4		6	9		7
				1	9		4	8

盘面12

如盘面12所示，给出了如上的提示数，普通的摒除法和区块摒除法已经无法帮助我们找到可填的数字了，这个时候我们观察I9。

I9的相关格组分别在行I，列9和宫9，于是就看这三个单元，我们发现一共出现了1、9、4、3、5、6、7、2这些数字。根据摒除法的规则，I9的位置将不得填入它们。神奇的是，在这九个数字中，单单只有8没出现，根据我们在之前的摒除法中推出的东西，即“1~9的每个数字都要出现一次”，得到结论，I9=8。

唯一余数法，简称显性数组，是一种某个单元格中被摒除法排除情况后，只剩下1~9中的某个数字没有填，从而得到它就是此单元格的值的解法。唯一余数法也可以适用于仅在同一个单元内部的推理，中文称之为点算（Full House）。

当全盘具有候选数的时候，显性数组将变得很好观察：只要某一个单元格内只有1个候选数的时候，它就是这个单元格的值，这就是显性数组。

技巧6 宫区块（Pointing）

区块排除可以省下很多事情，不过有些时候，区块却不那么容易找到还能出数，所以我们只能一步一步来进行删数。这种结构就称为**单步区块**，一般简称区块。

区块分两种，包括宫区块和行列区块。下面一起来看一看。

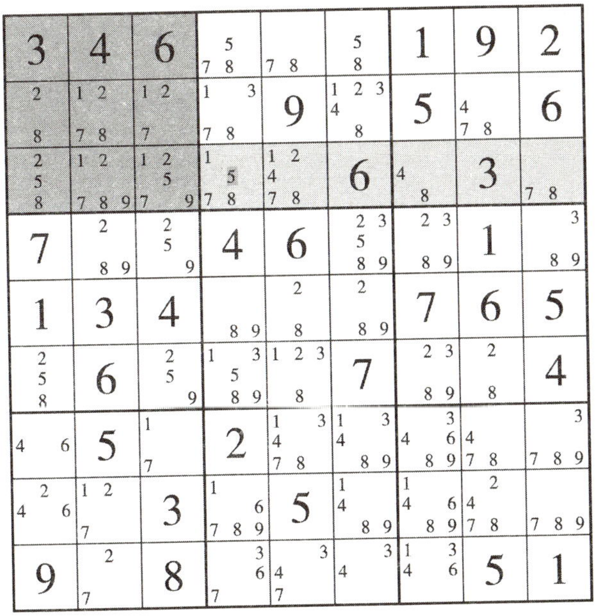

盘面13

如盘面13所示，宫1里面只有两处位置可以填入5，即C1和C3，并且刚好它们同行，不管C1=5还是C3=5，这一行都将出现一个5，因此行C的其他位置都不能填入5。因此，此处C4<>5。

注意，这里使用“<>”符号表示不填某个数字。以后都采用这个符号表示不填，您也可以理解成“不等于”。

这一类技巧称为宫区块对行列排除。示例属于宫区块对行排除。那么与其相反的观察，则是这样的。

技巧7　行列区块（Claiming）

如盘面14所示，观察行A，候选数7的位置仅存在于A4和A5之中。由于A4和A5在同一宫，说明此宫的A4和A5必有一格填7，因此此宫内其余的候选数7都可以被删除。所以B4，C4，C5<>7。

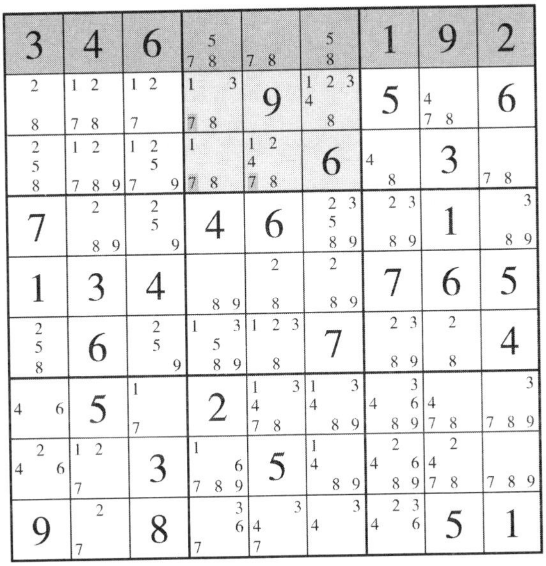

盘面14

这一技巧称为行列区块对宫排除法。示例为行区块。而以上的两种技巧，都称为区块排除法，只是它是通过候选数层面来观察的。如果题目比较难，一步一步地删除候选数是非常有必要的。

在我们平时做题的过程中，很容易会碰到类似的结构，所以我们在做题时，应需要自己多多注意、留心去寻找这些结构。这些结构往往会被忽视，但它们能够起到出奇的效果。

技巧8　显性数对（Naked Pair）

标准数独除了刚才的摒除法以及直观技巧，还有候选数技巧。当我们完全没法用直观完成整个题目的情况下，我们会采取候选数技巧。相对于候选数技巧来说，每一个格子最多有9种不同的情况可以填，这样就会产生比刚才多几倍的新技巧。而且技巧都非常新颖和奇特，这将使我们在做题过程中充满乐趣。

但是，需要引起我们的注意的是，候选数技巧只作用于候选数之上，结论也应当是删除某个或者某些候选数，而不能直接填出数字，除非遇上巧合。

此处，我会提出一个新词语——数组。但这和编程语言里面数组的定义是完全不同的。

在讲数组的定义前，我们先看一个盘面。

如盘面15所示。我们看宫9，此时发现G9和I7这2格的候选数都

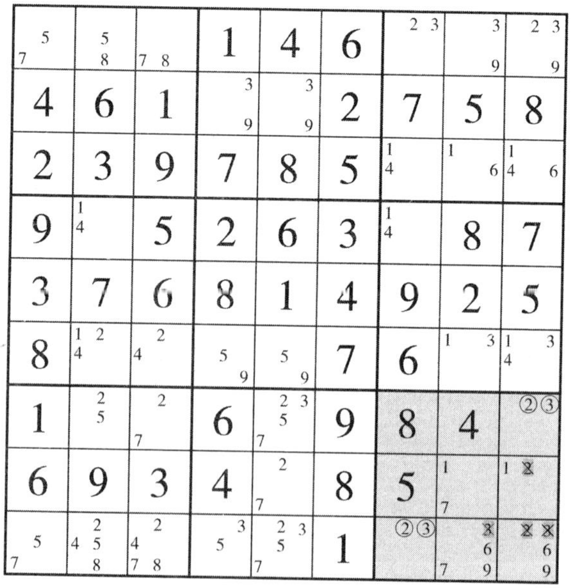

盘面15

是2和3（利用摒除法排除掉候选数）。这2个单元格刚好可以放下这两个数字，要么G9=2、I7=3；要么G9=3、I7=2，而且也只有这两种情况。无论是其中的哪种情况，宫9内的其他位置都不能填2和3了，因为它们恰好都在宫9。因此，可以直接删除掉H9（2）、I8（3）、I9（2，3）[H8（2，3）已经被E8（2）以及H3（3）排除掉了]。此时，我们就称G9和I7内的候选数2和3构成数对。

这种方法和显性数组有一点像，唯一余数法里面，在1个单元格里只有1种填数情况；而这个解法里面，在2个单元格里面有2种填数情况。所以，它的名字类比于“唯一余数法”，叫做数对显性数对或显性数组。删除候选数的过程，我们称为删数。相反，得到数字的过程我们称为出数。

另外，用符号“{}”来列举出一个数组内的所有元素，即这里的“由2和3组成的数对”就可以简单记作“数对{23}”，不过数字间并没有逗号分隔它们，即并没有写作“{2，3}”，这是因为在标准数独中，仅用到1~9这九个数字，并不会出现多位数，因此并不需要用逗号隔开每个数字，就能够区分各个元素。

符号“{}”并不只用于描述数组，还可以描述某格里面的候选数组成的一个集合。例如，单元格I9存在候选数2、3、6、9，就可以简记作“I9={2369}”。而且，刚才的（2，3）也可以被直接写成（23）。

另外，盘面15中加圆圈的数字表示技巧涉及的数字，加叉号的数字则表示删数情况，后文不再一一说明。

此处再给出一个例子，您可以尝试寻找一下。

9	1 3	3 4	5	1 4	8	6	7	2
6	5	7	2	1 4	9	1 4	3	8
1 4	8	2	3	6	7	9	5	1 4
2 5	2 9	5 9	1	8	6	7	4	3
3	4	8	9	7	5	2	1	6
7	6	1	4	3	2	5	8	9
1 2 4 5	1 2 7 9	4 5 9	6 7	1 2 4 5 9	3	8	6 9	1 4
1 4 5	1 9	6	8	1 4 5 9	1 4	3	2	7
8	1 2 3 7 9	3 4 9	6 7	1 2 4 9	1 4	1 4	6 9	5

盘面16

里面有两个数对显性数组，都比较好观察，可以练习一下。

回顾一下数对的定义：在同一个单元内，有2个格子内有2种不同数字可以填，就称它们为数对。那么不止2个数字的情况有没有呢？这是有的。

当然可以拓展到3个数字。下面就是一个例子。

技巧9　显性三数组（Naked Triple）

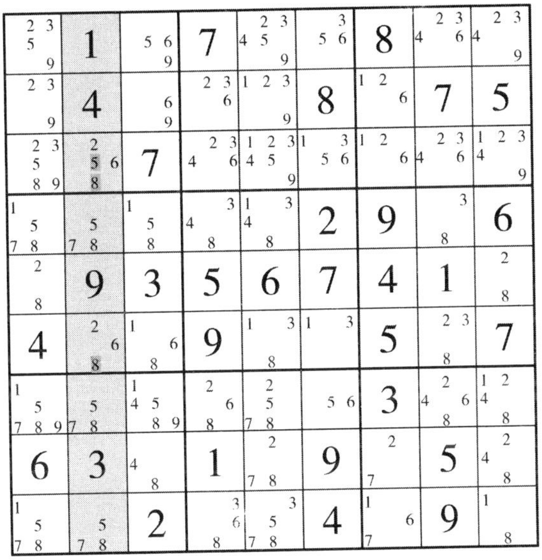

盘面 17

如盘面17所示。在列2里，D2={578}、G2={578}、I2–{578}。根据数组的定义，同在一个单元内出现n个单元格存在n种不同数字，它们就能组成一个数组。我们很容易发现，此时恰好满足n=3的情况。根据数对显性数组类比推理，用{578}构成这样的结构在列2中应当只存在于D2、G2和I2内，所以可以删除列2内剩余单元格的候选数{578}。

当满足数组定义中n=3的时候，此处我们称这样的数组为三数组。

数组中的定义仅仅包含这样一句话，然而当里面缺少一些数字时，数组同样成立。以下是一些常见组合情况（以数字1、2、3来说明）：

- {123}、{123}、{123}；
- {123}、{123}、{12}；
- {123}、{12}、{13}；
- **{12}、{13}、{23}**。

这些组合都是成立的，都能构成三数组结构，因为它们都满足数组的定义。并且，最后一种情况（加粗）是三数组的最简形式。再简化就可以直接出数了。

另外，如果数组涉及的单元格组，均同时在同一行、列、宫内的话，这样的数组将直接被称为死锁数组。这是因为它属于数组，但由于本质结构的特殊性，还能看成一种特殊的区块，使得删数的成立。

技巧10　显性四数组（Naked Quadruple）

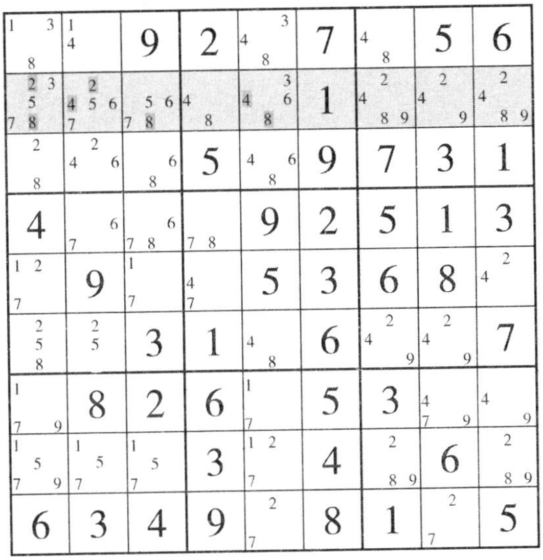

盘面18

如盘面18所示。在行B，B4、B7、B8和B9这4格内恰好只能填{2489}这4个数字。但是由于在同一个单元（此处是行B）内，有4格刚好能填入4个不同的数字{2489}，因此属于数组。由于此处是属于n=4的情况，所以，它被称为四数组。

由于它们构成了四数组结构，所以应当删除行B内其余位置上面的2、4、8、9，即B1<>{28}、B2<>{24}、B3<>8、B5<>{48}。另外，在盘面17中，还有两个地方也能构成四数组结构，是在列9和宫3内，但删数是一致的。此处将不另列出，请自行观察，提示：请先观察区块，因为它本身是没有删除的。

显性数组的所有4种情况就全部讲完了。利用数组的知识，我们可以灵活使用数组。注意，四数组结构的一些情况如下（以数字1、2、3、4来说明，列举可能不完全，加粗的最后一种情况为其最简形式，再简化就可以出数了）：

- {1234}，{1234}，{1234}，{1234}；
- {1234}，{1234}，{1234}，{123}；
- {1234}，{1234}，{123}，{124}；
- {1234}，{123}，{124}，{134}；
- {1234}，{123}，{124}，{13}；
- {1234}，{123}，{12}，{14}；
- {1234}，{12}，{13}，{14}；
- {234}，{134}，{124}，{123}；
- {234}，{134}，{124}，{13}；
- {234}，{134}，{12}，{13}；
- {234}，{12}，{13}，{14}；
- **{12}，{23}，{34}，{14}。**

技巧11　隐性数对（Hidden Pair）

在数组中，除了刚才的显性数组，当然也有另外的使用方法，例如下面这些使用方法。

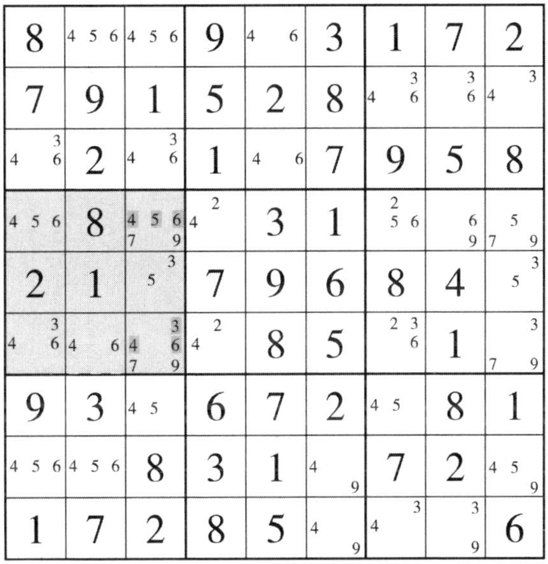

盘面19

如盘面19所示，有如上的提示数，此时我们发现，在宫4中，数字7和9可以出现的位置只剩下D3和F3。摒除后发现刚好在宫4内只有2格可以填入7和9这两个数字。然而，这刚好满足数对的定义，所以可以排除这个格子内的其余填数情况。因此，我们可以得到：D3<>{456}、F3<>{346}，即D3，F3={79}。

很显然，{79}数对将D3和F3的其他情况全“排挤”开了，因此，这种解法就被称为“数对的‘占位’法”。这里的占位就能形象地诠释了排挤的意思，这就是隐性数对。同样，有隐性数对，当然就有三数组和四数组对应的占位法。

技巧12 隐性三数组（Hidden Triple）

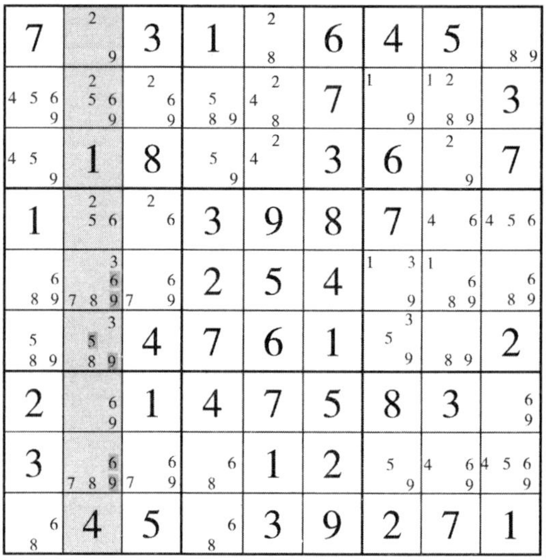

盘面20

如盘面20所示，能够观察到，在列2，数字3、7和8只能出现在E2、F2和H2。此时观察到，在同一列内只有3个格子可以填入这3种不同的数字，这依然满足数组的定义，因此它们可以构成三数组结构。因此，E2、F2和H2这3格内的其他填数情况将被全部删除，即E2<>{69}、F2<>{59}、H2<>{69}。

能够快速观察到数组占位法，最简单的方式是观察提示数。例如此题，我们能够观察到在列2里面，宫1内的提示数3、7和8会排除掉A2和

B2的候选数{378}；D2（3， 7， 8）被D4（3）、D6（8）以及D7（7）排除了；G2（3， 7， 8）也被G8（3）、G5（7）和G7（8）排除了，这个时候，3、7、8这3个数字就只剩下E2、F2和H2这3个位置可以填了。这满足三数组结构，当然这个三数组结构内部的其他数字就能删掉了。

又如上面一例（盘面19），宫4内的D3和F3是我们最终可以得到结论的单元格，因为宫4内的其余单元格并不可能含有数字7和9，因为它们都被其周围的提示数以及填入的7和9排除掉了。

技巧13　隐性四数组（Hidden Quadruple）

3	9	5	4	2	1	7	6	8
7	2 4 8	1 8	3	6	8 9	1 4 9	1 2 4	5
2 4	2 4 6 8	1 6 8	7	5	8 9	3	1 2 4	2 9
8	3	4	1	7	5	2	9	6
5	7	2	6	9	4	8	3	1
6	1	9	2 8	3 8	2 3 8	4 5	4 5	7
2 4 9	2 4 5 6 8	6 7 8	2 8 9	3 4 8	2 3 8 9	1 5 6 9	1 2 5 7	2 9
1	2 4 5 8	7 8	2 8 9	4 8	6	5 9	2 5 7	3
2 9	2 6	3	5	1	7	6 9	8	4

盘面 21

如盘面21所示，行G暂时没有填入一个数字。此时观察到，G1的候选数{1567}会被列1的B1（7）、E1（5）、F1（6）、H1（1）摒除；G4、G5、G6这3格会被列4、5、6里面的提示数1、5、6、7摒除；另外列9的1、5、6、7也会摒除掉G9的{1567}。此时行G就只有4个数字可以填入1、5、6、7了（分别是G2、G3、G7和G8）。所以G2、G3、G7和G8内的其余填数情况均可被删除，即G2， G3， G7， G8={1567}。

这个就是隐性四数组，数组的内容就结束了。但是您需要注意以下内容。

当4<n<9后的数组（例如五链数、六链数等）也是同样存在的。但是，根据简单的知识，就可以得到一个结论：显性数组的存在必然会导致隐性数组的出现，两者是互补的。这里就不再证明了，您只需要记住即可。

举个例子，假如在行E中，有一个四数组显性数组，那么不难发现，就这一行而言，它就可以被一个隐性五数组完全代替。所以n>4且n<9的数组一般都只是理论上存在而实际上并不存在的。

技巧14 二链列/四角对角线法则

8	1 ⑥	7	5	3	1 ⑥	4	2	9
9	3	5	4	2	7	6	8	1
2	4	1 6	9	6 8	1 6 8	3	7	5
4	8	3	6	5	2	9	1	7
6	7	2	1	9	3	8	5	4
1 5	1 5	9	8	7	4	2	3	6
1 5	2	1 6	3	4	5 6 9	7	6 9	8
3	⑥ 9	8	7	1	⑥ 9	5	4	2
7	5 6 9	4	2	6 8	5 6 8 9	1	6 9	3

盘面22

之前我们讲到了数对、三数组、四数组的显性和隐性的情况，但是候选数的技巧完全不止这一点。接下来的技巧一定会让您大开眼界，它比起数组要好玩得多，因为它可以构成一种特殊的形状。

如盘面22所示。当填到这里的时候，发现数对已经填不下去了。此时，我们可以观察到，在行A中，只有A2和A6可以填入6；而在行H中，只有在H2和H6可以填6。它们刚好构成一个矩形。可是这有什么用呢？

我们不妨假设一下（请在图上找到对应单元格，并进行推理）：

- 情况1：如果A2填6的话，那么A6和H2将不能填6，最终只有H6填6了；
- 情况2：如果A6填6的话，那么A2和H6将不能填6，最终只有H2填6了。

只有这两种情况了。我们可以看到，情况1的假设是“A2=6”，结论是“H6=6”；而情况2的假设是“A6=6”，结论是“H2=6”。将这两种情况分别放到图上看，我们可以发现，无论是左上角（A2）和右下角（H6）填6，还是右上角（A6）和左下角（H6）填6，都会使得列2和列6出现一个6。所以列2和列6的其余位置，即这个“矩形”四个顶点外的其余单元格内，都将不会出现6的身影。因此，有C6，G6，I2，I6<>6。

把每一条假设的开头位置和结尾位置连接起来，会发现它组成了X的形状。所以这个解法的英文名由此得来——“X-Wing”。在英语中，wing是翅膀的意思，就像一个展开的翅膀一样。它有一个独特的名称——四角对角线法则。

有意思的是，这种方法还能够拓展到三阶的情况。这也就是为什么它还有一个名字，叫做二链列了。

在盘面22的二链列中，我们将产生二链列的单元（图中的行A和行H）叫做**定义域**（Defining Set/Base Set），表示二链列被定义的位置；并将需要排除候选数的单元（图中的列2和列6）称为摒除域或删除域（Secondary Set/Cover Set），表示用于排除或删除该候选数的位置。

图中涉及假设的所有位置（4个加圆圈的候选数）叫做**鱼身**（Fish Body），这到后面的鱼的变型中会非常常用。这样的结构我们称之为**鱼**（Fish）或**链列**（ConstraintSubset）。为什么叫鱼呢？因为它的英文名都是使用的鱼的一系列的名称。

技巧15　三链列/剑鱼（Constraint Triple/Swordfish）

三链列比起二链列的情况会多一些，因为它需要更多的假设和推理。例如下面的这个盘面：

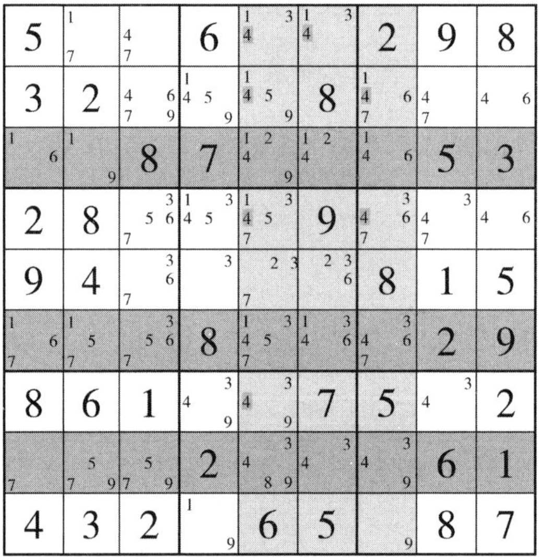

盘面23

如盘面23所示，此时我们观察到，在行C、行F和行H都有且仅有列标为5、6、7的单元格可以填4，所以，4在这3行里被控制在那9个单元格内。这时候就假设一下：

情况1：如果C5=4，则F5，H5，C6，C7<>4，解不出，就继续假设：

A. 如果F6=4，则F7，H6<>4，则H7=4；

B. 如果F7=4，则F6， H7<>4，则H6=4；

情况2：如果C6=4，则C5， C7， F6， H6<>4，解不出，就继续假设：

A. 如果F5=4，则F7， H5<>4，则H7=4；

B. 如果F7=4，则F5， H7<>4，则H5=4；

情况3：如果C7=4，则C5， C6， F7， H7<>4，解不出，就继续假设：

A. 如果F5=4，则F6， H5<>4，则H6=4；

B. 如果F6=4，则F5， H6<>4，则H5=4。

此时，假设情况均列出了。由于第一次假设并不能完成推理，因此中途又进行了第二次假设，才完成了整个推理过程。对比这6种情况的假设开头以及结尾，可列出下表：

第一次假设的单元格	第二次假设的单元格	结论的单元格
C5	F6	H7
	F7	H6
C6	F5	H7
	F7	H5
C7	F5	H6
	F6	H5

我们发现，无论是哪种情况的假设，始终都会使得列5、列6和列7上至少都有一个4。也因此，列5、列6、列7的其他位置上，候选数4将可以被安全地删掉，亦即图上的A5、A6、B5、B7、D5、D7、G5内的候选数4均可被删除。这就是三链列或剑鱼。注意，此题的三链列的定义域为行CFH，删除域为列5、列6和列7。

但是，图中有一个奇怪的地方。图上有一个宫摒除法，是H5=8，由B6（8）、G1（8）和I8（8）在宫8内摒除得到的。填入了这个8之后，就会发现一大堆摒除法，还有两个唯一余数法，于是就一口气做到了这里：

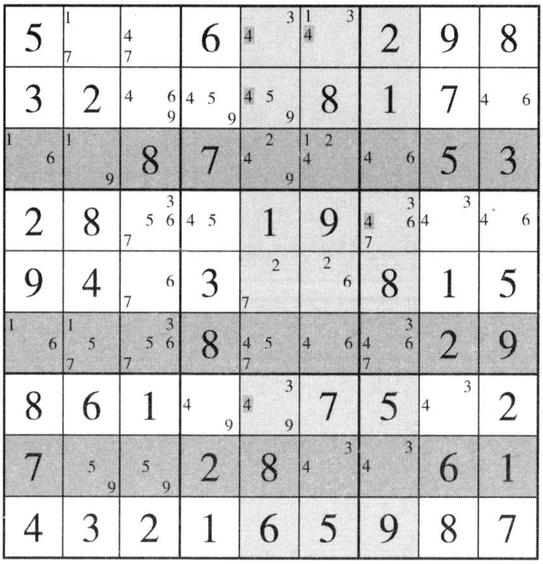

盘面24

如盘面24所示，原来的三链列残缺成了这样（缺了一个“角”），那么它是否还是可用的呢？答案可以的。这并不影响三链列的用法。假设会比刚才的要少，但是仍能推理，并且把所有假设集合在一起，同样可以使得列5、列6、列7都至少有一个4的出现。此处将不列举其假设，这种情况被称为鱼的残缺。您可以想象为，这是一个“二维”的数组，填数情况已经列举到这么3行3列之中，相当于一个三数组涉及的3格内的填数情况，第1格是{123}，第2格是{123}，而第3格则是{12}。数组的要求就需要满足每一格不一致，所以只需要至少每格2个候选数，就可以构成数组了。

技巧16　四链列/水母（Constraint Quadruple/Jellyfish）

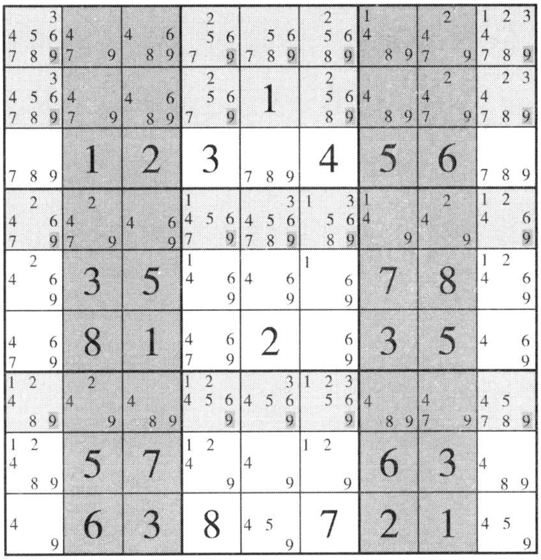

盘面25

题目来源于Enjoy Sudoku数独论坛。例如盘面25，它的定义域是列2、3、7、8，而删除域则是行A、B、D、G。此处省略其假设情况，请自行推理（四链列的出现频率是极低的，很难碰到，所以此处并没有重点讲解，依然利用刚才的假设法可以得到对应的结论，只不过可能会分3次假设，就比较困难了）。四链列和三链列的推理方式大同小异。这个就是四链列或水母。此处结论应为：行A、行B、行D、行G中剩余单元格内将删除候选数9。

但是，四链列也同样具有部分单元格残缺的情况，如盘面26。一般来说，残缺的情况则更为常见。

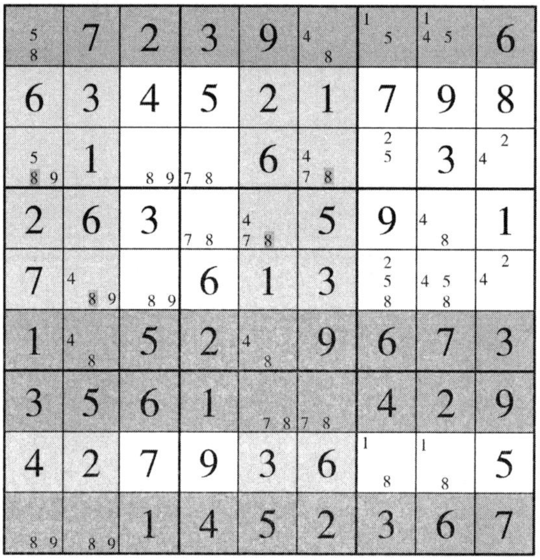

盘面26

此处，四链列所涉及的单元格仅仅只有8格，但是仍然可以进行推理。不过，它只有两种情况了。

如果A1=8，则I1<>8，则I2=8，则F2<>8，则F5=8，则G5<>8，则G6=8，则A6<>8；反过来也就得到了I1、F2、G5、A6都为8了。但无论是那种情况，列1、列2、列5、列6内都不得在其余单元格内出现8。因此删掉它们。

高阶链列（高阶鱼）是当阶数大于4后的情况。这样的技巧也同样存在，但是和n>4的数组一样，只存在于理论之上。这是因为高阶链列会被与其垂直的鱼完全替换，原鱼和可用于替换的鱼的阶数和盘面尺寸有关，最高的是阶数与8互补的情况。

根据上述文字可列出下表，从下表中就可了解到高阶链列的一些详细情况了：

高阶链列	**最高的**可完全替代高阶链列的鱼
五链列	**四链列**
六链列	**三链列**
七链列	**二链列**
八链列	**排除法**

从上表中，您也能够看出，为什么不存在八链列的说法。

下面的盘面27将展示五链列的其中一个例子。数字1加叉号为被删除的情况，数字1加圆圈为五链列，它也属于残缺的情况。不过，它可以转化成一个关于候选数1的三链列。

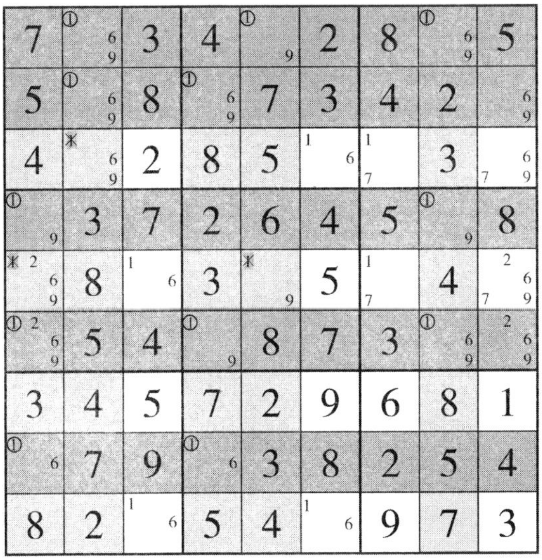

盘面27

技巧17 级联区块（Cascading Locked Candidates）

如下图所示，这是一个二链列，但是其中的两行被“绑”在了一起，但仍然可以看成是一个定义域为行B、行G的二链列。

其中的“*”符号表示删数情况，“/”符号表示不含有某个候选数，而“x”符号表示含有某个候选数。

此时我们发现，该结构可以删除掉宫内的一部分位置，即如盘面28所示。

			*	*	⊛			
/	/	/	x	x	/	/	/	/
			*	*	⊛			
			*	*				
			*	*				
			*	*				
/	/	/	x	x	/	/	/	/
			*	*				
			*	*				

盘面28

我们发现，假设过程中，B4、B5、G4、G5这4格必然有1格会填这个候选数，所以说，无论是哪个位置，都会导致这个宫内的其余位置不能填此候选数，故其余宫内的其余位置仍然也要被删除掉。所以，图中加圆圈的星号处也能够被删除。

这个思想有些类似于区块摒除法。无论哪格填，都会删掉共同对应的其他位置。

另外，这条鱼本可以直接删掉删除域的位置的该候选数的，但由于多出了一个由B4、B5、G4、G5这4格构成的两个特殊的区块，由此也可以得到删数效果的，我们称为层叠区块摒除法或级联区块摒除法，有时被简称为区块摒除法，而类似这种说法，由某种技巧可以“绑定”区块摒除法且也可以进行删数的，就直接称为**层叠**或**级联**现象（Cascade）。

另外，一般的二链列都是4个顶点分属4个宫内的，当出现同侧顶点在同一个宫内的时候，这样的情况也是层叠现象，所以最简单的级联区块摒除法也就是这样的二链列了。即，结构如果存在于B4、B6、G4、G6这4格内，依然称为级联。

数独技巧趣闻

鱼是一种神奇而又特别的数独技巧。不仅技巧本身很好玩，而且名字也很有趣。技巧本身就是一种二维的（或者称为“平面的”）数组结构，不过，从名字这个角度看，也很有趣。

下面将它们的等效名称列举在下方。

技巧名称	英文名	中文直译名称
二链列	X-Wing	X 翼
三链列	Swordfish	剑鱼
四链列	Jellyfish	水母
五链列	Squirmbag/Starfish	海星
六链列	Whale	鲸鱼
七链列	Leviathan	海怪

其中，五链列的名称有两个，但都是鱼。

而且您也能看出，结构里面除了二链列以外，都是海里的生物；而海怪，则是一种神秘的不明生物。随着它的规格变大，它的名称所指代的生物，体积也是越来越庞大。这也算是一个趣闻吧！

技巧18 外鳍鱼（Finned Fish）

鱼是一种很神奇的技巧，但是在出现的时候，并不是那么频繁，往往会多出来一点点。这也就产生了两种变异类型。

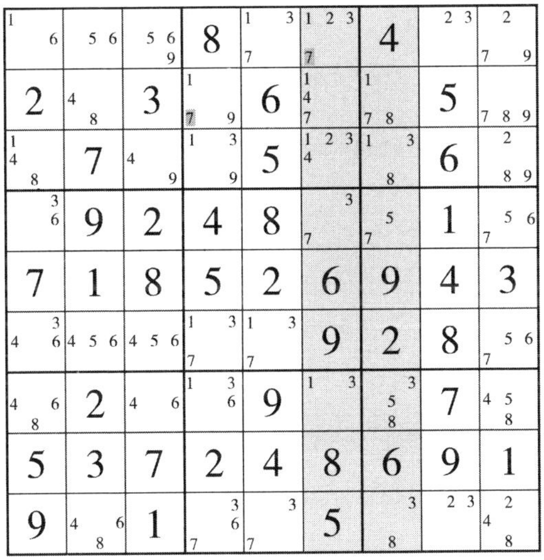

盘面29

在盘面29中，我们发现有一个二链列，不过很怪异。

我们很容易地发现，这个二链列的定义域是列6和列7，很明显，删除域是行B和行D。可是不巧的是，这个关于数字7的二链列多出了一格，位于A6。于是尝试消除掉它。

如果说它本身不存在的话，那么列6和列7就只有B6、B7、D6和

D7这4格填入7了，很明显，这样肯定是构成二链列的，根据二链列的逻辑推理，删除域应为行B和行D；但是如果A6（7）是存在的，那么这个7就会导致行A、列6和宫2内的其余单元格内都不能填入7。

但是列6和列7也就只有这5格可以填，别无其它情况。那么我们就知道，这两种情况必然有1种成立，因此可以删除掉这2种情况都能够删除掉的位置。我们发现，这两种情况都能删的位置只有B4和B5，而B5已经有数字了，那么只能是B4。因此B4<>7。

这种“差一点”的鱼被称为**外鳍鱼**，其中的那个多出来的单元格被称之为外鳍，一般都简称为**鳍**（Fin）。那么为什么要叫鳍呢？因为这个技巧本体也就是鱼结构，那么多出来的就被理所当然地翻译成了鳍。而定义域仍旧是指原定义域位置的区域，但删除域则会发生变化：因为现在多了一个鳍，将只能删除掉数个单元格，而不是一整个单元（行、列）了。例如本题，删除域就从原来鱼的删除域——行B和行D改动为单元格B4和单元格B5。请注意这一点。

那么鳍在哪里才能够算作外鳍鱼呢？鳍必须位于鱼的定义域内，且必须位于鱼的某个顶点处的同一个宫内。因为，我们对标准二链列的推理方式就是选中定义域的其中1个，然后分情况讨论，最终能够得到相同的结论，从而得到删除域，删掉删除域内的单元格的数字。这里多了一个鳍，那么就假设鳍成立和鳍不成立，也就分成了两种情况。那么，鳍是否只能是1个呢？当然不是，如下面这个例子，就是2个鳍。

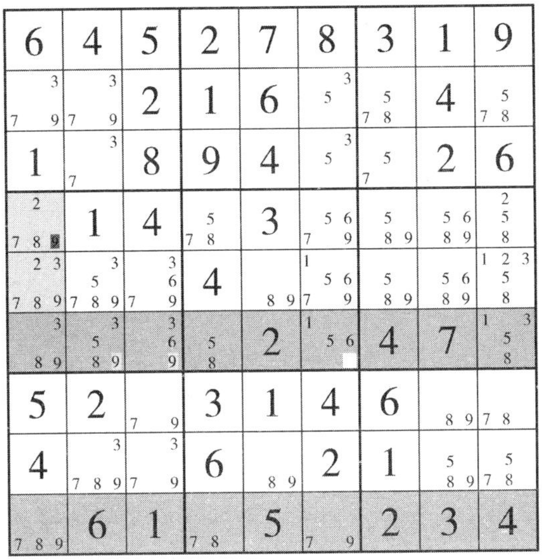

盘面30

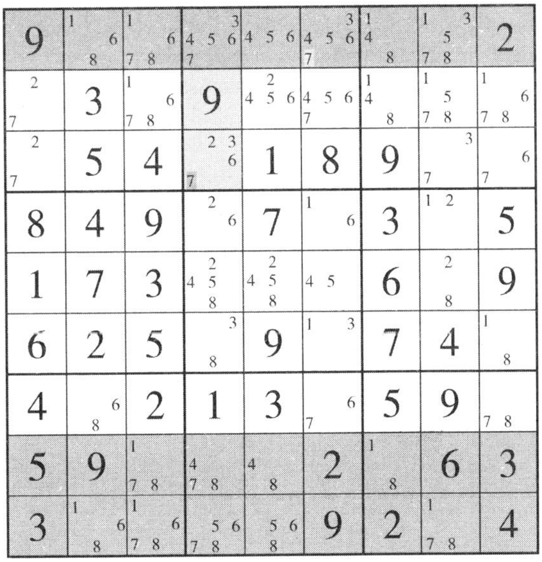

盘面31

盘面30就是2个鳍构成的二链列。要么二链列成立，要么旁边的2个鳍成立，虽然很明显，2个鳍不得同时成立，但是目前看来，至少都得有1种情况成立。无论是它们之间的哪一个，都会导致宫4内和行F内的其余单元格都不能填入9了。由于此时，行F已经没有可以删除9的位置了，因此只能去看宫4内的位置了。无论是二链列成立还是鳍成立，必然都会使得既在宫4、又在列1内的D1和E1删除掉9。因此，D1， E1<>9。但要拥有这样的推理的话，多个鳍必须位于同一宫内，否则它就不是外鳍鱼了。同样三链列也同样存在外鳍鱼。

如盘面31所示。同理，分2种情况，要么是这个残缺的三链列成立，要么是鳍成立。因此删除掉都能删掉的部分，即C4（7）。

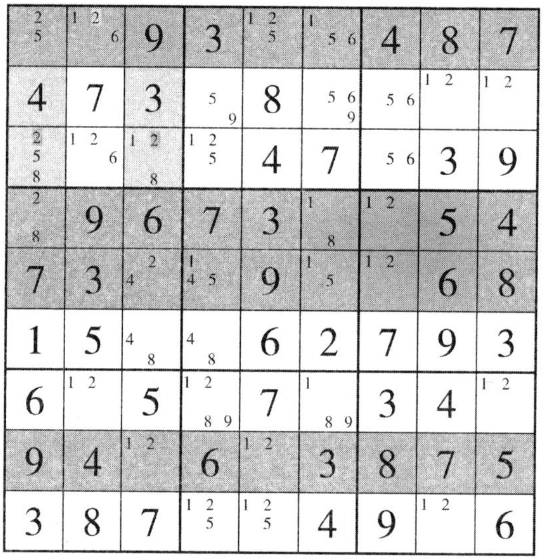

盘面32

盘面32所示的是**外鳍四链列**（FinnedJellyfish）。分2种情况，要么是残缺的四链列成立，要么是这个鳍成立。因此删除掉都能删掉的部分，即C1（2）和C3（2）。

这些就是外鳍鱼的所有情况了，不过，它还能简化吗？请看下一节。

技巧19　外鳍退化鱼（Finned Sashimi Fish）

刚才讲到了外鳍鱼，但是它还能不能再简化呢？当然是可以的。这种鱼就更加奇怪了，而且长相变化多端。先来看一个“退化版”。

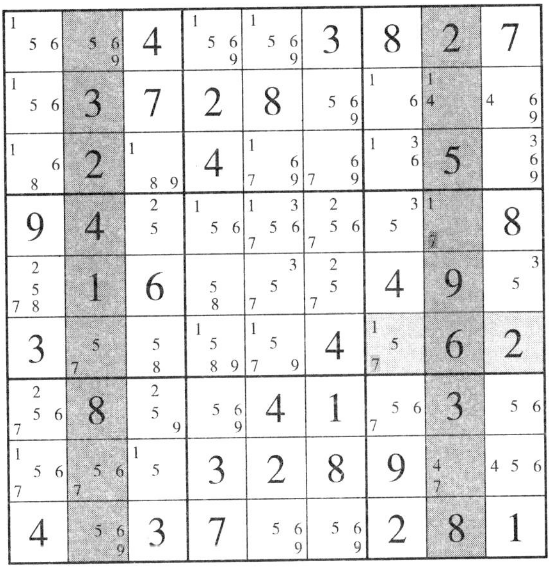

盘面33

如盘面33所示。这里有一个类似于外鳍鱼的形状：定义域为列2和列8，鳍位于D8。但是又有点不一样的地方，在离鳍最近的二链列的那只“腿”却不见了，不过没关系。

根据外鳍鱼的推理方法，要么二链列成立，要么鳍成立。但是我们发现了一个问题，二链列缺了一只腿。此时我们回忆二链列的逻辑推理方法：这个二链列在没有缺腿的情况时，我们是按照定义域来分别假设出两种不同的情况，最后会得到的填数情况，在这个二链列中，要么是左上（F2）和右下（H8）的2格填，要么是右上和左下（H2）2格填。现在右上角缺了一只腿，那么后者就不成立了。那么，综合外鳍鱼，要么鳍成立，要么二链列的其中一种情况成立，也就是左上和右下成立。现在我们就要考虑一下，到底怎么推理了。

首先，思考一下位于二链列左下的单元格H2填入7，刚才说到要么是左上（F2）和右下（H8）的2格填，要么是鳍（D8）填。但是这都和H2没有关系。那么它能不能也删除掉呢？这显然是不可以的。因为它有可能单个成立，我们没有任何的理由说明它一定是错误的。

二链列只能删除删除域，也就是行F和行H的其余单元格的7；而鳍能够删除掉行D、列8和宫6内的7。但是不管是哪种情况，二链列始终都是成立的。因此删除域就是F7和F9。F9已经有数字了，所以F7<>7。

这种叫做外鳍退化鱼的解法英文名为Sashimi Fish，其中的Sashimi其实是一个日语词汇的罗马音，它的原意是“生鱼片”。起名的具体原因尚不清楚。不过，退化结构一直存在争议。因为结构本身的退化性质，如果不含有鳍的话，结构本身是无意义的。这一点您也可以在盘面之中看到。

这种鱼由两部分构成，一部分是外鳍，而另一部分则是退化后的鱼。退化鱼不能单独使用，因为没法正常地完成推理，缺少了一只腿使得原来的缺腿和其对角位置上的另外一个并不能组成一对了，因为其中的一格已经不存在了，所以这就需要和鳍一起进行推理才能得到结论。

现在总结一下这种鱼的推理思路：假设鳍成立和不成立，就分成了两种情况，这两种情况会同时导致鳍所在的宫和鱼的删除域的共同对应的位置不能填，因此删掉它们。

这种外鳍退化鱼是最为标准的形式，当然，它也有其他的变异情况。

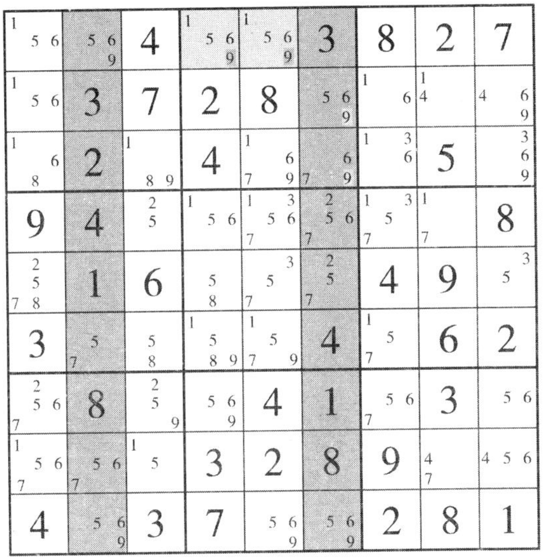

盘面34

如盘面34所示，这是盘面33中的另外一个外鳍退化鱼。这是由两个鱼鳍构成的外鳍退化鱼。这种情况同样只能删A4， A5（9）。我们按照外鳍退化鱼的思路，要么鳍和左下角（I2）成立，要么是A2， I6（9）成立。二链列中，就只剩下“仅I2成立”和“A2和I8成立”这2种情况了。这样的二链列也是成立的，所以删除的是二链列原来的删除域，即行A和行I。但是那2个鳍使得最终的删除域变成了A4和A5，因此，A4，A5<>9。

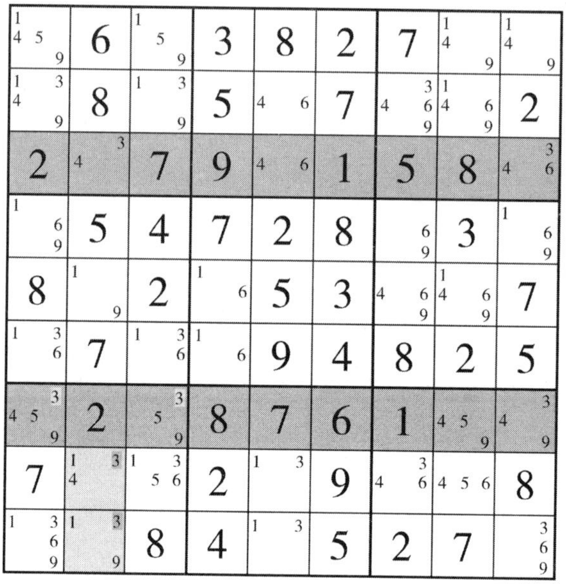

盘面35

盘面35又是一种鱼变型，同刚才的推理方式，不过鳍并不是连在一起的。您可以自行进行推理，这同样是可以得到结论的。

了解到上述的思路后，接下来是外鳍退化三链列（Finned Sashimi Swordfish）。

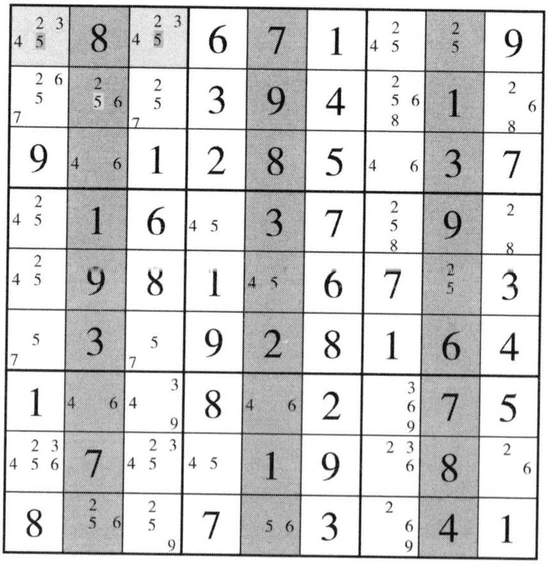

盘面36

如盘面36所示。原本是一个最简的三链列，定义域为列2、列5和列8，然而不巧的是，构成三链列的必要单元格之一（A2）

缺失了。这样，三链列就退化了。假设鳍成立的话，行B、列2和宫1内的其他单元格内必然不填数字5；如果鳍不成立的话，对于这个退化三链列来说，I2一定为5，E5一定为5，A8一定为5。于是，就有这两种情况，要么B2=5，要么I2， E5， A8=5。无论如何，都会导致宫1和行A的公共部分都不能填入5。即A1， A3<>5。

但是，这个题目还可以删除掉B7（5）（图上未给出标注）。那么，这个又是怎么回事呢?

我们不妨切换一下思维，将图上A8（5）看成鳍，而B2（5）看作退化三链列的一部分。推理过程同刚才的盘面35。不过由于鳍的位置切换到了宫3，所以三链列变成了宫3和行B的公共部分，所以B7和B9不能填5。由于B9本来就没有候选数5，所以只有B7<>5。

这个就是外鳍退化鱼。当然，也存在四阶的情况，此处给出一个例子如盘面37所示，但推理不再展示，请自行推理。

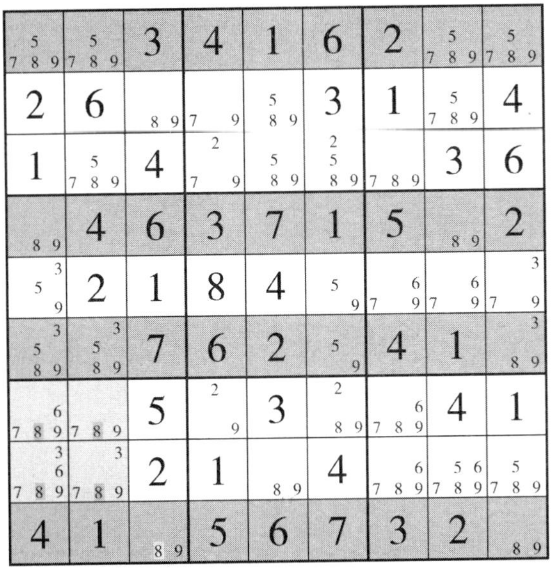

盘面37

技巧20 双分支匹配法（XY-Wing）

之前我们讲完了一个神奇的鱼和它们的带鳍变形，我们可以根据它奇怪又迷人的形状进行删数，但是很多时候并不能找到这样的形状。因为它涉及的单元格比较多，规模较大。而接下来的例子将只涉及很少的单元格。

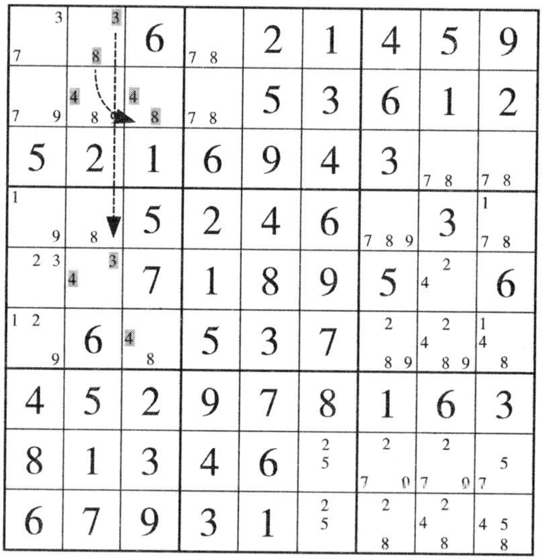

盘面38

如盘面38所示，一路的摒除法让我们做到了这里。可是我们发现，做到这里的时候就做不动了，普通的数组和鱼已经无法满足要求了，这个时候，我们观察到，A2的候选数为{38}，B3的候选数为{48}，而在

E2，候选数为{34}。我们可以做出一系列的推理：

- 如果A2=3，则E2<>3，只得填4；
- 如果A2=8，则B3<>8，只得填4。

这个时候，我们发现，不管怎么样，要么E2=4，要么B3=4，反正这2格内必有一格要填入4。因此，它们两格共同对应的单元格将不得填入4。它们共同的单元格是B2和F3，所以B2， F3<>4。

这被称为**分支匹配法**（RegularWing）。由于只涉及两种不同情况，所以也被称为双分支匹配法。当做题的时候，发现有3格可以满足候选数为{ab}、{bc}、{ac}，并且有两组单元格同时在一个单元内的时候，我们就可以采用这个技巧进行删数了。

技巧21 三分支匹配法（XYZ-Wing）

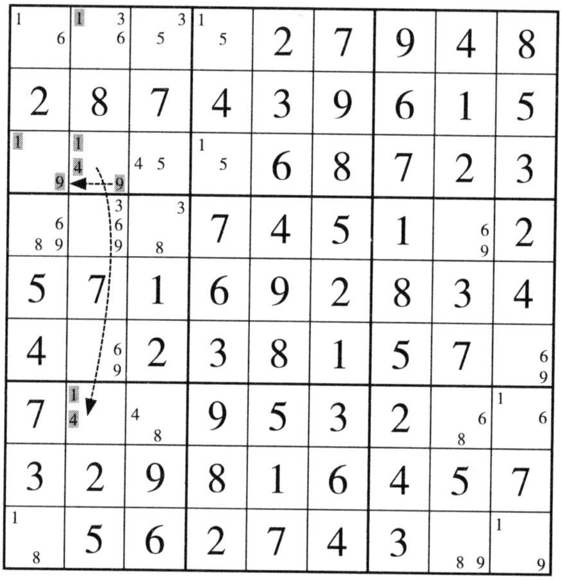

盘面39

如盘面39所示，做到了这里，发现在C1的候选数是{19}，C2的候选数是{149}，G2的候选数是{14}。按照刚才双分支匹配法的推理方式进行推理，此时将会具有3种不同的情况：

- C2=1；
- C2=4，则G2<>4，则G2=1；
- C2=9，则C1<>9，则C1=1。

这时我们发现，不管怎么样，始终都将有一个格子（C2、G2或者C1）会填入1。刚好，这3格都可以对应到单元格A2上，所以A2<>1。

这就是**三分支匹配法**。虽然只是在双分支上多了一个没有太大影响的假设情况而已。但是仅仅是这一点，让我们的观察就加大了不小的难度。

技巧22 四分支匹配法（WXYZ-Wing）之标准形式

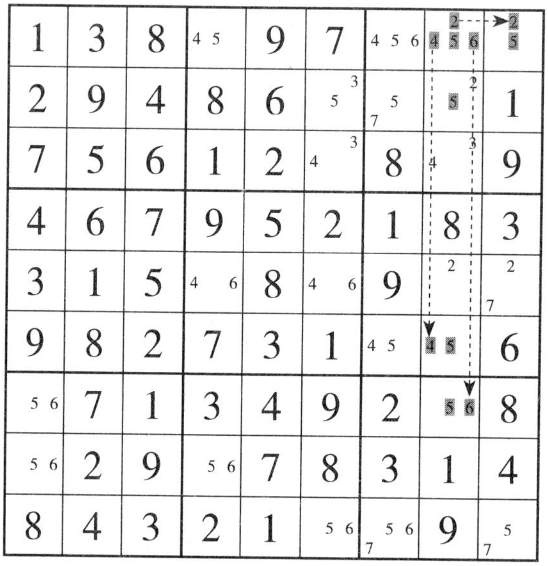

盘面40

如盘面40所示，给出了如上的提示数。此时我们发现同样具有如下的结构：A8={2456}，A9={25}，F8={45}，G8={56}。此时进行假设：

- A8=2，则A9<>2，则A9=5；
- A8=4，则F8<>4，则F8=5；
- A8=5；
- A8=6，则G8<>6，则G8=5。

无论怎么填，A9、F8、A8和G8这4格里始终有一个格子填5，刚好这

4格都可以对应到单元格B8上，所以B8<>5。这就是不大常见的四分支匹配法。

以上就是分支匹配法的三种结构，当然，还有五分支、六分支、七分支等匹配法，分支匹配法共有7种。但是由于结构过于复杂，此处并不一一列出，只需要类比前面三种情况，后面较复杂的技巧即可类比推理得到结论。

技巧23 四分支匹配法（WXYZ-Wing）之折点残缺

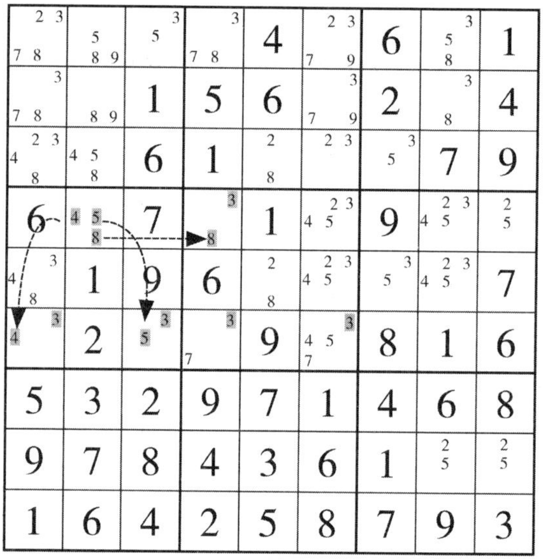

盘面41

如盘面41所示。折点D2少了一种情况，这并不妨碍推理。

我们有如下的推理情况.

- D2=4，则F1<>4，则F1=3；
- D2=5，则F3<>5，则F3=3；
- D2=8，则D4<>8，则D4=3。

无论怎么填，这4格里始终有一个格子填3，刚好，这4格都可以对应到单元格F4和F6上，所以F4<>3。

数独技巧趣闻

这里讲一下这个技巧名称的趣闻。

这个分支匹配法，它的名字在英文里面也是相当有趣的。外国人都喜欢把这些结构用未知数x、y、z来代换，于是产生了XY-Wing（双分支匹配法）、XYZ-Wing（三分支匹配法）。字母不够用了的时候，就往名字前面加字母，于是便有了WXYZ-Wing（四分支匹配法）。实在不行，再在前面加字母，甚至是VWXYZ-Wing（五分支匹配法）。

最有趣的是，这个结构最多可以达到九个分支，即九分支匹配法，那么英文名也就“生硬”地产生了——RSTUVWXYZ-Wing。是不是很可爱呢?

技巧24　唯一矩形（Unique Rectangle）之标准型（UR Type 1）

前面我们讲到了分支匹配法，并分为了多种情况讨论，它们推理的末尾都仅仅只涉及两个候选数的单元格。接下来的这个解法也只涉及到有2个相同候选数的单元格（可以删数的单元格除外），但是这种技巧非常有趣，因为它依靠的定理并不是一般意义上的假设的推理办法，而是利用了最初提到的唯一解要求。这个定理看似并不神奇，但是当这个技巧使用了之后，神奇的地方就体现出来了。并且需要我们注意的是，如果仅仅是由于使用了该技巧而导致题目做错了的话，那么这个题本身就是存在问题的。

致命结构（Deadly Pattern）一直是我们经常讨论的问题。现在来看看到底该怎么理解它。

如盘面42所示，当做到这里的时候我们发现，行G和行I存在四个单元格，可以构成一个奇怪的“长方形”结构：G4、

7	2	1 6	1 3	4	3 6	8	9	5
8	4	1 5	1 5 9	1 7	7 9	6	2	3
9	3	5 6	5 8	2	6 8	4	7	1
2	7	8	6	9	5	1	3	4
6	9	4	7	3	1	5	8	2
5	1	3	4	8	2	7	6	9
1	8	9	2 3	6	4	2 3	5	7
3	5	2	1 8	1 7	7 8	9	4	6
4	6	7	2 3 9	5	3 9	2 3	1	8

盘面42

G7、I4和I7。其中只有I4这1个单元格有不止2个的候选数（{239}），而其它的均只有2个候选数（{23}）。我们就拿这个唯一的一个不止2个候选数的单元格作为开头，进行如下的推理：

- 如果I4=2，则G4=3，I7=3，G7=2；
- 如果I4=3，则G4=2，I7=2，G7=3；
- 如果I4=9，则不能确定接下来的步骤。

于是我们将各个情况分别放入盘面42，我们发现，前面两种推理情况都是可行的，而且两者都并不存在任何错误，只有第3种情况无法进行后续推理。

这个时候我们注意到，按照第1种情况而填入的4个数字为“2-3-2-3”的形式；第2种情况填入的情况则是“3-2-3-2”的形式，分别如盘面43和盘面44所示。

7	2	(1 6)	(1 3)	4	(3 6)	8	9	5
8	4	(1 5)	(1 5 9)	(1 7)	(7 9)	6	2	3
9	3	(5 6)	(5 8)	2	(6 8)	4	7	1
2	7	8	6	9	5	1	3	4
6	9	4	7	3	1	5	8	2
5	1	3	4	8	2	7	6	9
1	8	9	3	6	4	2	5	7
3	5	2	(1 8)	(1 7)	(7 8)	9	4	6
4	6	7	2	5	(3 9)	3	1	8

盘面43

7	2	1 6	1 3	4	3 6	8	9	5
8	4	1 5	1 5 9	1 7	7 9	6	2	3
9	3	5 6	5 8	2	6 8	4	7	1
2	7	8	6	9	5	1	3	4
6	9	4	7	3	1	5	8	2
5	1	3	4	8	2	7	6	9
1	8	9	2	6	4	3	5	7
3	5	2	1 8	1 7	7 8	9	4	6
4	6	7	3	5	3 9	2	1	8

盘面44

两种推理情况都是对的，从表面看并没有什么地方错误。而且它们和这个“长方形”外部其他的任意单元格都没有关系。那么，这是什么原因呢?

这是因为，无论是盘面43和盘面44的其中哪种填法，都使得剩余的盘面是完全一致的，不论是候选数的样子、提示数的样子还是自己填入的数字的样子，全部都是一致的。但是每一个标准数独盘面都有且仅有唯 的1个正确答案。也就是说，每个单元格都只有1种填数方法，而这两种填法最终会得到一个完全一致的情况，如果题目唯一解的话，就这4个可以互换的单元格来说，看似就会得到两个不一致的答案，所以这两种情况均要直接被看作是不正确的，那么原假设必然错误，应当删除（毕竟两个不一致填法就和唯一解产生了矛盾，肯定需要避免）；否则，这两种情况均成立，不管剩下的部分还能否继续推理，但是后面都是一样的，怎么推肯定都只能出现一致的情况，而此时我们填的这个位置肯定是两种不一致的情况，因此，如果题目符合要求，是唯一解的话，这样填肯定就不可能了，就这4格而言就出现2种不同的填法了，对于唯一解的题目来说，后面做起来肯定就无解了，这就不满足数独唯一解定理了。因此I4<>{23}。

上述解法被称为**唯一矩形删减法**，简称为**唯一矩形**，英文则直接简称为UR。其中，“唯一”一词就表示其中只有一种情况是正确的，并且它的形状就是一个矩形。这是它的第1种情况，它一共有6种结构，接下来我会一一列出。当然，说成“唯一长方形”也没错，不过术语名称还是有别于普通叫法的。

另外，在刚才的推理中，当盘面出现多解或者无解的时候，我们将其称作致命形式，其意味着我们的推理出现的错误。

在使用该技巧的过程中，我们应该注意的是，任意一个唯一矩形的4个顶点都不得分属于4个宫内。根据唯一矩形的性质，若分属4个宫的话，将无法得到删数的结论。

如果分设在4个宫里面的话，你会发现，在行列上可以满足“对外界不产生任何影响”，但是在宫内是会产生候选数的变化的，也就是不一致。所以说，这样并不能叫做“对外界不产生任何影响”。我们来看一个例子，就知道这句话是不是对的了。

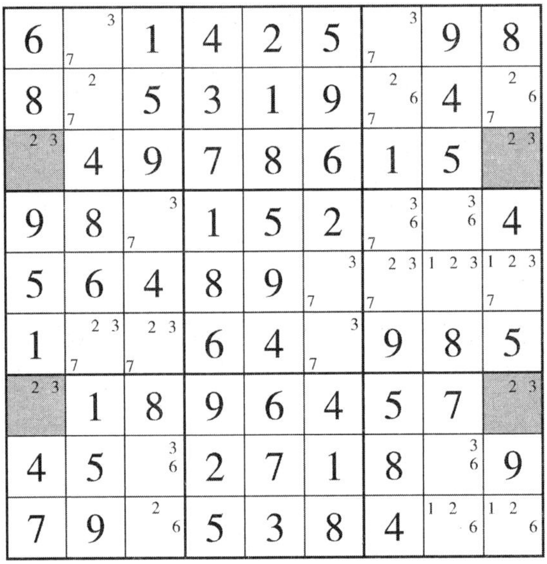

盘面45

如盘面45所示，这就是一个例子。我们很容易观察到，4个阴影格构成了一个类似于UR的致命结构。如果按照UR的结构说明它的话，显然它可能就是一个多解题了。但是这的的确确是一个唯一解的盘面，但可能需要后续的技巧才能进行解题。

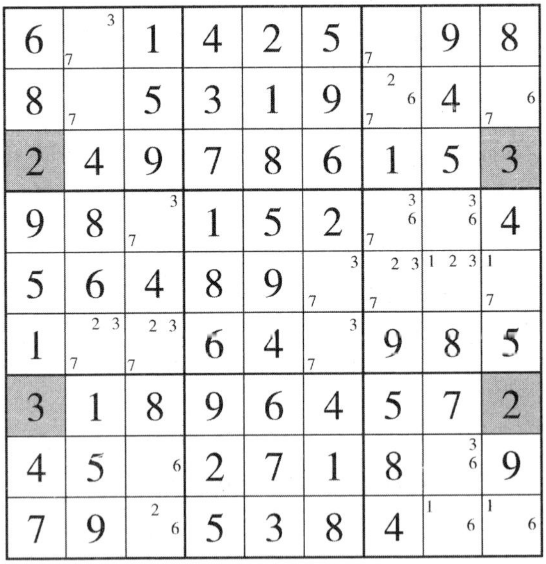

盘面46

很明显，此题有如灰色单元格填数格中共两种填法，如盘面46和盘面47所示。

6	7	1	4	2	5	3 7	9	8
8	2 7	5	3	1	9	6 7	4	6 7
3	4	9	7	8	6	1	5	2
9	8	3 7	1	5	2	3 6 7	3 6	4
5	6	4	8	9	3 7	2 3 7	1 2 3	1 7
1	2 3 7	2 3 7	6	4	3 7	9	8	5
2	1	8	9	6	4	5	7	3
4	5	3 6	2	7	1	8	6	9
7	9	6	5	3	8	4	1 2 6	1 6

盘面47

可是我们发现，在宫1、3、7、9内，均有完全不一致的候选数分布情况。说明这样的填数情况实际是产生了影响的，也就是说，这两种情况得出的结果根本就不一致，因此就不能使用UR了，因为这样的结构就不是一个UR。

因此，矩形的4个顶点应该每两个在同一个宫内，也就是分属于两个宫。这一条内容同样也适用于如下的唯一矩形的变型情况。

技巧25　唯一矩形之同侧待定数型（UR Type 2A）

待定数型UR是类似于标准型的技巧，但是有一点变形。

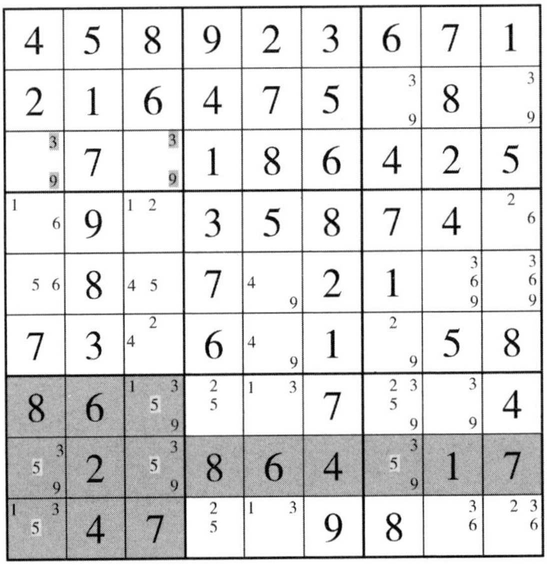

盘面48

如盘面48所示，出现了类似于标准型（类型1）的矩形结构，但是不同的是，有2个单元格内都是3个候选数，并且还都一样，是{359}。这2个单元格都位于同一宫内，即宫7。根据标准型的推理方式，我们可以得出，那个“额外的”候选数才是正确的，否则将不保证唯一解。

因为现在构成矩形的结构里面，有2个单元格是多一个候选数且一致的，我们任选一个单元格开始推理，最终还是可以得到3-9-3-9和9-3-

9-3这样的结构，刚才说这样的结构是错误的，因此它一定是错的。而并不可能2个都填5，所以H1和H3两格必有1格一定会填入5。

因此无论如何，它们共同对应的单元格，即宫7内剩余的以及行H剩余的单元格，均可以删除候选数5。所以对应上面的盘面，阴影区域内所有的格子都可以被删除，因此有G3， H7， I1<>5。

这被叫做同侧待定数型（类型2），一般省略称为待定数型，但后面则有一种类型并不是在同侧。

技巧26　唯一矩形之对角待定数型（UR Type 2B）

对角待定数型是一种“诡异”的技巧，因为它并不能单独存在，只能在采用了某个候选数技巧删掉了某个数字后，它才能真正出现。所以，它的出现频率也不高。

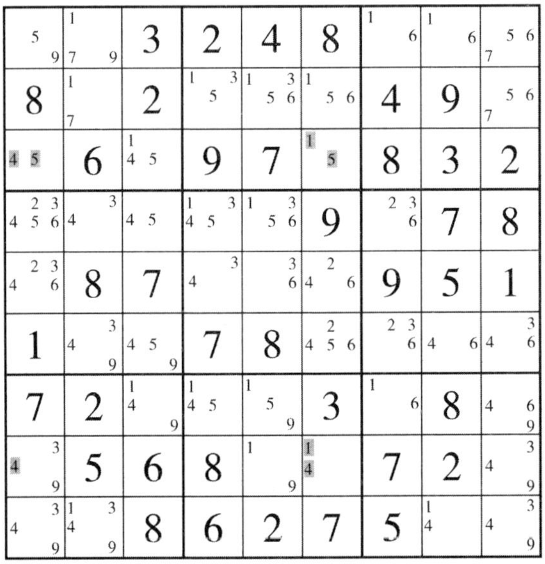

盘面49

如盘面49所示，我们直接观察到，C1、C6、H6这3格构成双分支匹配法结构：若C6=1则H6=4；若C6=5则C1=4。无论如何C1和H6的其中1格必然填4，因此共同的对应单元格H1不能填4。

删掉了H1的候选数4后，我们发现，在H1、H9、I1、I9这4格组成了一个“诡异”的矩形：有3个单元格都有额外的候选数4，而只有1格的候选数4被我们用双分支匹配法删掉了。如盘面50所示。

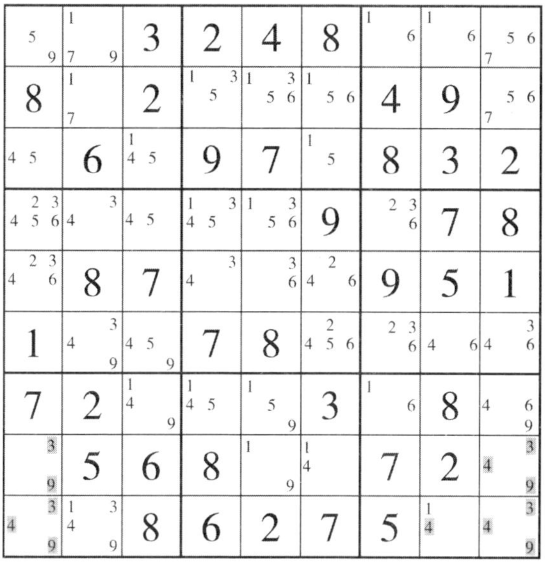

盘面50

根据待定数型的推理办法，我们可以得到一个结论，即在矩形内部，存在额外候选数的单元格内，必有其中1格会填入这个额外的候选数。而对角待定数型却又多了一个顶点可以填额外的候选数。在待定数型中，只有其中2格有额外的候选数；因此根据上面的结论，可以得到，在H9、I1和I9中，必然有其一会填4，也因此，它们3格共同对应的单元格上，将不再出现候选数4的身影。此处应指的是I8，因此I8<>4。

不论是技巧名称还是技巧的使用手段，都看得出来，对角待定数型和待定数型有点类似，只是有额外提示数的顶点数从2变成了3。可以用很简单的证明手段得出，对角待定数型不能单独出现。因为3格都有额外候选数，是不可能直接得到这样的形状的。当然，与之异构（不同结构）的还有一种情况，如盘面51所示。这是Hodoku官方网站给定的例题库。

7	5	4 6	9	8	2	4 6	3	1
2	1 4	9	6	1 4	3	5	8	7
1 3	3 4 6	8	1 4	5	7	9	2 6	2 4
8	1 2	1 2	5	9	4	3	7	6
6	4 7	4 7	3	2	1	8	9	5
5	9	3	8	7	6	1 4	1 2	2 4
1 3	3 6 7	5	1 4 7	4 6	9	2	1 4 6	8
9	8	1 6	2	1 4 6	5	7	4 6	3
4	2 6 7	2 6 7	1 7	3	8	1 6	5	9

盘面51

技巧27　唯一矩形之待定显性数组型（UR Type 3A）

UR待定数组型是唯一矩形删减法中最难掌握的解法，因为它会配套之前讲解的数组相关技巧（显性数组和隐性数组）来使用。

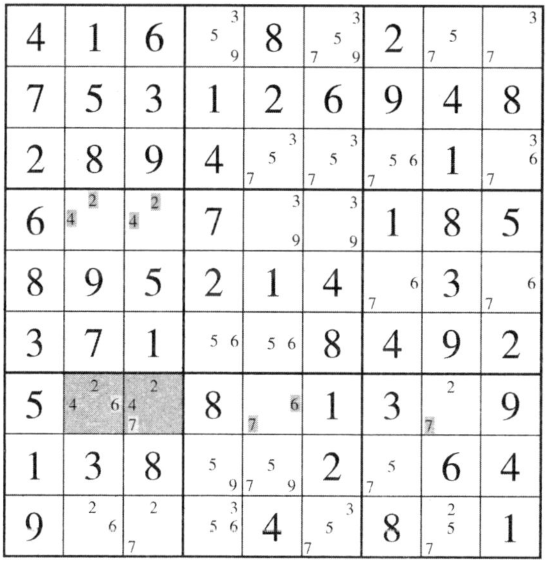

盘面52

如盘面52所示，当填到这里的时候，我们发现，D2、D3、G2、G3组成了矩形结构，和待定数型一样，其中有2个单元格有不只2个的候选数，但是不同于待定数型的地方是，这2个单元格多出的候选数并不相同。一个是6，而另一个却是7。

此时我们发现，在G2和G3共同对应的行G，有一个单元格G5，刚好只存在候选数{67}。如果说G2<>6且G3<>7的话，就会出现致命形式，出现互换的看似双解的结构，因此此情况不成立；但是如果G2=6且G3=7的话，那么G5就会出现无法填数的情况，这也是错的。所以说，G2=6和G3=7里面有且只有一个情况是正确的，而另外一个必然是错误的。

G2=6和G3=7必有一个是正确的话，那么和G5配套、组合在一起的话，将变成一个数对。这是因为它满足数组当n=2时的定义，即使它看起来有些奇怪，因为这个含有许多“不定”因素的数组的其中一格缺少一个数字。

但是不管怎么样，行G的其余单元格都不应该再出现候选数{67}了。因此，盘面中的G8<>7。

这种技巧被称为唯一矩形删减法的类型3，是配套数对的知识进行删候选数的，而更像数对显性数组，当然，也会有隐性数对和三数组、四数组和UR进行配套的解法。不过因为UR内部的数字不知道谁成立，因此暂时还只能叫“待定数组”的显性数组。

来看下面这个例子。

如盘面53所示，当填到这里的时候，我们发现，行D和行F存在着4个单元格：D4、D7、F4、F7。它们组成了一个类似于盘面38的待定数组型的结构：同样是其中2个单元格具有其他的候选数且不一致。但是需要引起注意的是，这次这2格共同所在的单元（列4）并没有像上面那样出现候选数为{17}的单元格了，因为只有候选数为{17}，才可以像盘面52一样，构成数对的结构。

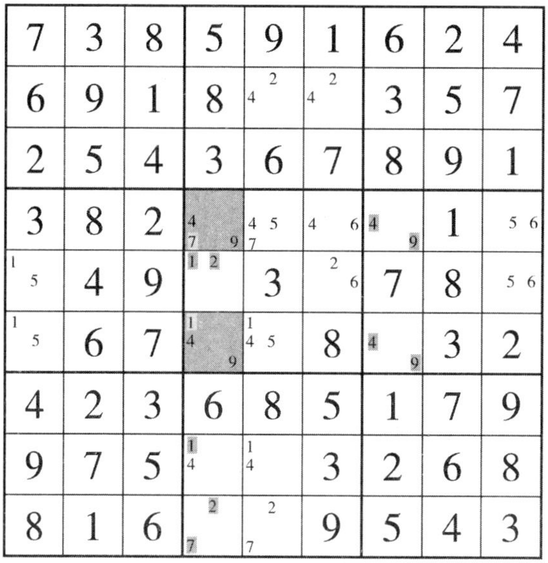

盘面53

虽然我们已经知道这不是数对，但这个时候我们可以确定，当D4=7和F4=1同时正确时，这样就会导致E4个I4同时填2，这样很明显不满足数独的规则，所以是错的；并且很明显，它们也不能够同时错误，如果同时都从盘面上消失了，将会导致这个矩形出现致命形式，这样也是错的。所以，我们只能认为，这两个条件里面只有1个是正确的，那么另外1个就必然是错的。这和我们待定数组型的假设推理是相似的。此时我们观察到结构里面虽然没有数对，但是这里有2个单元格，一个候选数是{12}，还有一个是{27}。根据数组的定义，这样的结构刚好满足n=3时数组的情况，即三数组（或三数组）。这个是三数组的其中一种形式（详情请参见技巧9“显性三数组”）。

根据三数组显性数组我们可以知道，由于这3格里面的候选数构成了三数组结构，那么列4的其余单元格内将可以删掉候选数{127}。因此，

H4<>7。

这同样属于待定数组型，不过配套技巧名称变成了“显性三数组”。

显性四数组的唯一矩形待定数组型我将不再做出推理，因为出现频率比较低。下面我将给出一个例子，请自行推理。

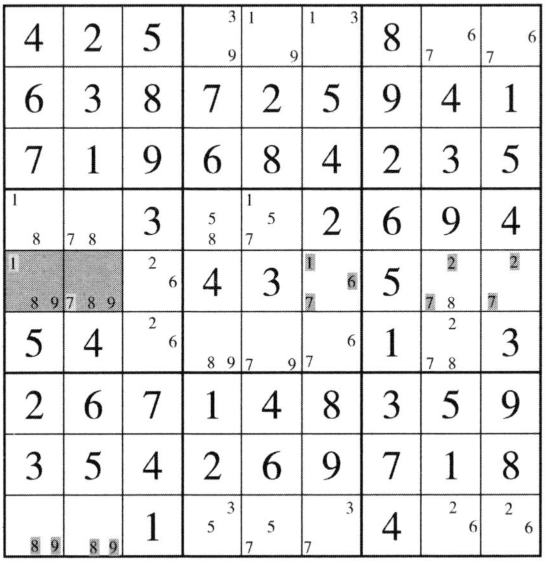

盘面54

当然，UR的待定数组唯余型还可以配套n值更大的数组，但是根据显隐性互补定则，同样不存在n值更大的数组，此处也不详细介绍。

UR的待定数组唯余型（类型3A）已经讲完了，但是数组还有一种，是占位法。它和UR又能够交织出怎么样的效果呢？请参看下一节。

技巧28　唯一矩形之待定隐性数组型（UR Type 3B）

待定数组占位型可要比唯余型稍微难理解一些。但是删数和推理过程也是相当精彩的。我们来看看。

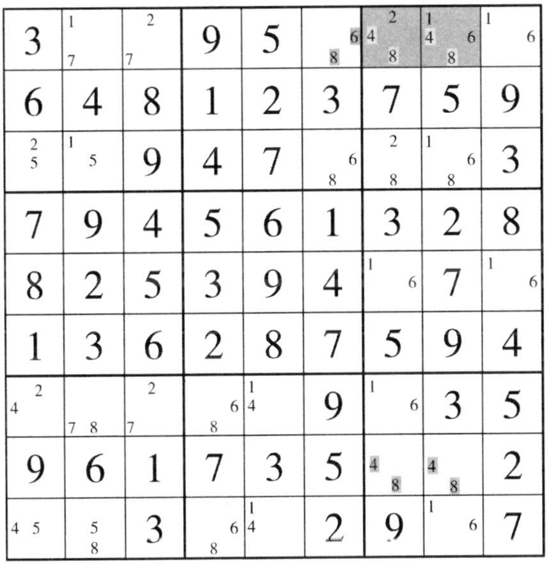

盘面55

如盘面55所示。当填到这里的时候，我们发现，这个跟待定数组唯余型的有一点类似，同样有这样的一个矩形、同样有2格不只2个候选数。我们就用刚才待定数组型的思路进行推理：如果当“A7<>{48}”和“A8<>{48}”这2种情况同时正确的话，将会导致候选数4没有位置可以填；如果当上述条件同时错误的话（即这两格都只填48），那么会导致这个矩形有两种填法，就变成了致命形式。所以仍然是其中1种条件成立。那么就出现了其中1个单元格会填入{48}的情况。再观察行A，能够填入{48}的就只能是行A的矩形部分（A7和A8）以及旁边的A6。无论A7和A8的哪个单元格是{48}，这都不重要。因为它会和左边的A6的候选数6组成数对结构，因为就这2格才能填入{48}，刚好满足数对的定义。所以，A6的其他候选数应当被删除掉，即A6<>6。由于刚才的假设中，位于矩形区域里面的那2格（A7和A8）只有其中一格可以填{48}，并不能确定是哪一格，所以就它们本身而言，是不能删数字的。

看得出来，这个推理和之前的待定数组型有些相似，但是有一点不一样，之前的是可以直接看到有数对，并且排除其他单元格；而此处，是采用了隐性数对的思想，发现到{48}数对刚好只存在于那2格中。虽然其中1格并不能确定真正的位置，但是我们也能推出结论。由于采用了隐性数对的思想，同样属于数组的范畴，因此它也是属于类型3的，只是在英文名编号的时候，从3A变成了3B。

下面再来看一个配套隐性三数组的题目。

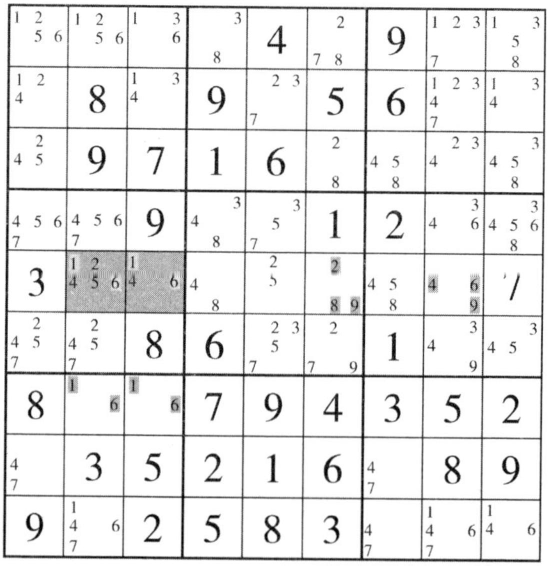

盘面56

如盘面56所示，给出了如上的提示数。此时我们发现，这和前面一题类似：也同样是其中两格有不止2个的候选数。我们照样把E2和E3两格分为{16}和其他数字两类。如果E2、E3都填{16}的话，那么必定会产生致命形式；如果E2、E3都不填{16}的话，行E中就没有位置可以填1了。所以就只有其中1格可以填{16}，另外那格就只能填其他数字了。

不管是哪一个格子可以填{16}，它始终都能和E6以及E8组成三数组{169}。因为就行E而言，E3、E4以及E7都已经被周边的1、6、9删掉了。因此行E中就只有这3格可以填{169}，因此它们必然组成三数组结构。所以，可以删除掉它们当前格子上的其他的候选数。由于E2和E3是“只有其中一格的‘填{16}’成立”，所以这里并不确定是哪一格，因此它们本身来说并不能删数。

配套隐性四数组的题目比较罕见，使用次数也并不多，并且可以类比前两种占位法进行推理，故此处将不再重新推理，只给出一个例子。

1	9	3	5	2	4	8	67	67
8	5	24	3	7	6	9	12	14
246	246	7	18	19	89	134	1256	13456
4679	4678	489	78	5	1	2	3	479
279	278	1	278	4	3	6	578	579
247	3	5	9	6	28	147	178	147
23479	12478	2489	12	139	29	5	167	1367
5	12	29	6	139	7	13	4	8
37	17	6	4	8	5	137	9	2

盘面57

如盘面57所示，按照最初的推理逻辑，最终我们可以得到G8和G9只能有其中一格是{67}。但是不管哪一个单元格是{67}，这都意味着这一单元格内的其余候选数都应该被去掉，那么，此时在当前行G上，就出现了涉及候选数4、6、7、8的四数组（四数组）占位的结构。因此，不管哪一个单元格成立，最终删除的数字就应该是G1、G2、G3这3个单元格内，和候选数4、6、7、8无关的所有其他候选数了。

当然，您也可以看成是1、2、3、9的四数组显性数组，不过这可能会比较难观察一些。而且，虽然是待定的数组，但是最终，仍然也会存在互补的状态。您可以尝试在做题之中发现这一神奇的现象。

那么，类型3（待定数型）就讲到这里。

技巧29　唯一矩形之同侧共轭对型（UR Type 4A）

共轭对型（UR Type 4）是第4种UR的类型。

UR同侧共轭对型是一种比待定数组型要稍微简单一点的、但观察不太容易的类型。

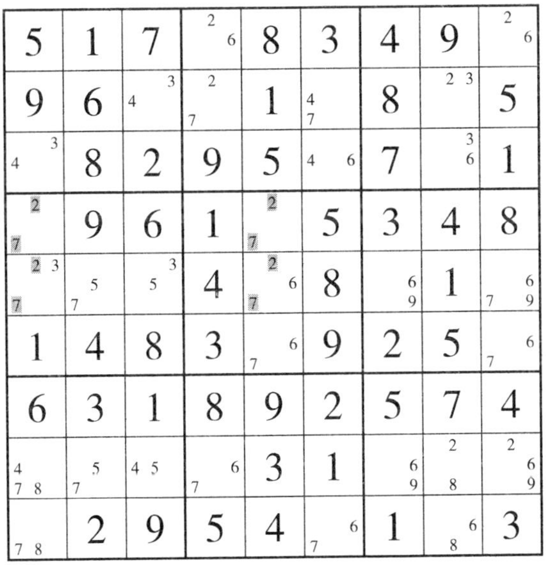

盘面58

如盘面58所示，当做到这里的时候，我们发现，D1、D5、E1、E5处出现了一个奇怪的矩形：它不像前面的待定数组唯余型一样，虽然是其中2个单元格有其他的候选数，但是我们并不能绑定占位法和显性数组删掉任何数字，在这里，它们是行不通的。不妨找到有多余候选数的这2格来假设一下：

我们首先观察到，在行E中，候选数2的位置已经锁定在这个UR的结构内了。那么，如果7存在于其中的话，不管这两格的哪一格，都将是2和7的“数对”结构。当然，这个数对就不是候选数结构了。但是在这两格上面，却必然是数对{27}。所以，一旦在E1和E5的其中任意一格填入一个7后，必然会出现2和7的致命结构，那么7的位置一定不能存在于这两格之中。因此，删除掉这两格的候选数7。

这样，就利用了数字的“强关系”来进行推理。这两个2就像磁铁一般在一起，不能同时删掉，而7就是因为2的这种关系最终删除了。

这就被称为共轭对型（类型4A）。而图中还有一个UR的共轭对型，请试着找一下，这里就不再给出提示了。另外，在同一区域下，只有两处可填位置的这两个数就称为**共轭对**（Conjugate Pair），它的详细内容将在“链”一部分讲到。

技巧30 唯一矩形之平行共轭对型（二链列型）（UR Type 4B）

二链列型是唯一矩形的最后一种特征变型。

1 6	1 7	2	8	9	3	6 7	5	4
4	5	8	7	6	1	2	3	9
6 9	3 7	3 9	4	2	5	8	6 7	1
8	2 3	3 4 9	5	1	6	4 9	2 9	7
7	6	5	2	4	9	1	8	3
1 9	1 2	4 9	3	8	7	4 6 9	2 6 9	5
5	4	6	9	7	2	3	1	8
3	8	1	6	5	4	7 9	7 9	2
2	9	7	1	3	8	5	4	6

盘面59

如盘面59所示，候选数4在UR所在的两行内（行D和行F）和二链列有着类似的情况：候选数4只能填入在D3、D7、F3和F7这4格内。那么二链列的定义域应该就是行D和行F，删除域则是列3和列7。此题之中候选数4的结构非常特殊，所以不仅可以将行D和行F作为二链列的定义域，还能将列3和列7作为二链列的定义域，因为此题的效果是一样的。

我们选择行D和行F作为定义域来看，我们观察到，这个UR的右上和左下两个单元格的候选数集都是{49}。那么，首先我们知道的是，这个结构内，4是可以构成二链列形式的，那么很明显，二链列内肯定至少有2个位置是填4的，它们位于对角的两个单元格之中。这题也是一样，候选数4的填数情况最终一定是位于对角的两个单元格之中的，但是，简单的推理就能发现，左上、右下这2格是肯定不填4的。因为这么填，D7和F3将填9。那么此时会构成4和9的致命形式，所以这样填是错误的。那么4就只能填在D7和F3上了。当然，删数也就直接得到了。

这种技巧称为二链列型或者平行共轭对型（类型4B），非常形象。当然，有一些题只能“横着看”，也有一些题只能“竖着看”。这个就会在做题之中发现和寻找了。

至此，唯一矩形的所有标准和变异类型就全部讲完了。如果您是新手的话，这种结构是否给您带来了深刻而又神奇的推理呢？如果您已经知道了唯一矩形结构，那么您是否对唯一矩形有了一个更加深刻的认识呢？

技巧31　唯一矩形之正交共轭对型（隐性唯一矩形）（UR Type 4C/Hidden UR）

UR的讲述还没有结束。它和数组差不多的地方是它也有“占位法”。

5	9	7	3	1	6	8	4	2
4	3	1	7	2	8	9	6	5
8	6	2	4	9	5	7	3	1
1 9	8	3 5	2	3 5 7	4	6	1 5	7 9
2 9	7	3 4 5	6	3 5	1	2 3	8	4 9
1 2	4 5	6	8	3 5 7	9	2 3	1 5	4 7
3	2	4 5	1 5	6	7	1 4	9	8
6	4 5	9	1 5	8	2	1 4	7	3
7	1	8	9	4	3	5	2	6

盘面60

如盘面60所示。我们能看到一个“矩形”，不过乍一眼并不能看出有什么结论。但是我们从D3的候选数5开始假设的话，就有这样的逻辑推理：

首先，我们观察到，D3所在的行D和列3之中，候选数3只能填入到D3、D5和E3中；但是，这3个单元格均是这个“矩形”结构内涉及的单元格。

随后，我们观察到，D3、D5、E3这3个单元格之中，关于候选数3的填数情况仅限两种：一种是D3=3，另外一种则是D5， E3=3。为什么只有这两种填数情况呢？因为列3和行D上都有关于候选数3的、类似于共轭对型的那种“特别”的关系，那么说明填数3必然在列3和行D上至少有一个候选数3的出现。那么，这说明了填数就只可能是上述的两种情况了。接下来，我们继续分析。

- 如果D3=3的话，那么D3已经填数了，D3剩余所有候选数均可被删除；
- 如果D5， E3=3的话，那么由于E5只有两个候选数（{35}），所以E5=5。因此构成了结构使得D3不能填入5。因为目前结构已经是D5=3、E3=3、E5=5了，那么如果D3=5的话，这必然出现致命形式。所以为了避免它，D3<>5。

但是，不管是哪一种情况，D3均不能填入5。因此，D3<>5。

我们观察到，这个技巧的名称有一点不一致。它其实也是一种共轭对型技巧，不过它有自己单独的名称。和之前的数组一样，“占位法”被认为是隐性的，而“显性数组”被认为是显性的。这里的唯一矩形是一个隐性的情况，所以采用“占位法”的名称，即唯一矩形占位法，而它的英文名则是“Hidden Unique Rectangle”，**即隐性唯一矩形**，其英文缩写为HUR。与此同时，它也被称为**正交共轭对型**或类型4C。

技巧32　拓展矩形（Extended Rectangle）

拓展矩形是一种将UR扩大的技巧，这里简单做一个介绍，并不需要着重掌握，但您需要了解这一点。

利用之前讲到的UR的那5种类型，我们可以采用活用的方式，得到不同的删数结果。而这个技巧，就是UR的拓展版。

8	6	4	3	1	5	7	9	2
2 3	2 3	9	4	7	6	5	1	8
1	5	7	8	9	2	3	6	4
9	1 2 4	1 2	1 6	8	3	4 6	7	5
5	7	6	2	4	9	8	3	1
3 4	8	1 3	1 6	5	7	4 6	2	9
6	1 4	1 3 8	5	2	1 4 8	9	4 8	7
7	1 4	5	9	3	1 4 8	2	4 8	6
2 4	9	2 8	7	6	4 8	1	5	3

盘面61

如盘面61所示，根据UR的思路，我们进行假设推理。

当G2=1时，试着填进去，您就会发现最终得到了一个矩形，它的形状按顺时针顺序写就是“1-8-4-8-1-4”；当G2=4时，又会得到一个新的矩形，形状则是“4-1-8-1-8-4”。这两种填法在标准数独的规则下，对于剩余盘面来说，都是完全一致的。但是数独只有1个答案，所以这两种填法都是错误的。也因此，G2<>{14}。

这里的矩形的规格并不是2 × 2=4格，而是3 × 2=6格。因此，这里必然是一个拓展的矩形。当然，它其实也可以配套之前UR的多种拓展类型（待定数型两种、待定数组型两种，共轭对型两种）进行变化。下面将列出它的待定数型（盘面62），请自行推理其删数过程。

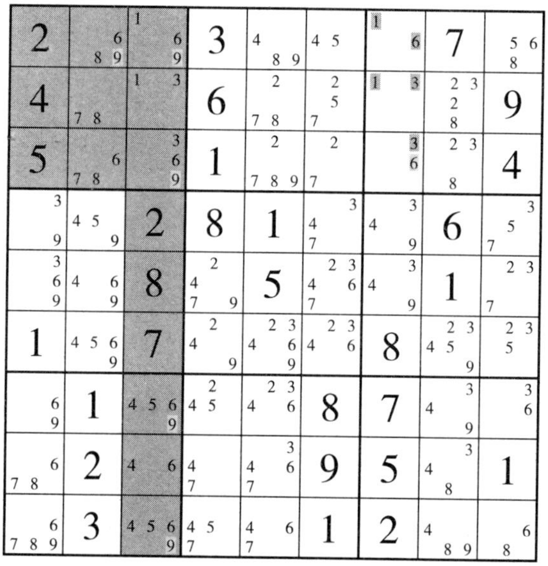

盘面62

需要注意的是，是盘面61和盘面62都只涉及了6个单元格，而盘面61的例子中这6格分属3个宫，而盘面62的例子的这6格分属2个宫。这同样是可行的。请自行思考在最早唯一矩形导致双解致命模式的地方所讲到的原理，然后尝试去带入，并最终发现致命模式。

技巧33 唯一环（Unique Loop）

唯一环（缩写为UL）其实也是一种由UR变异得到的形态。不过这里的UL并不像之前的拓展矩形那样规则，而是不规则的形状。

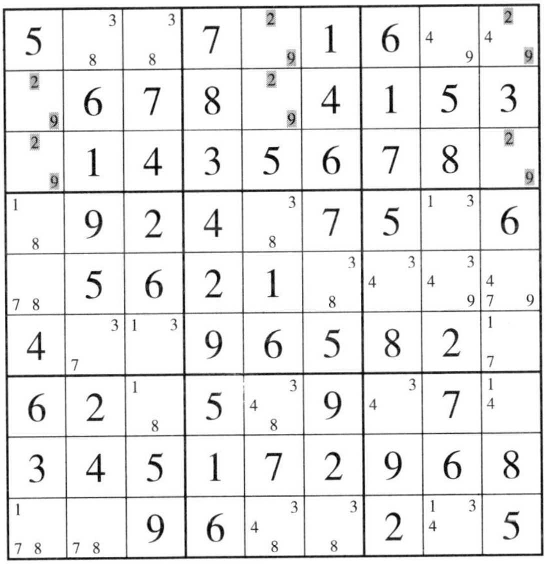

盘面63

如盘面63所示，在第1、2、3宫内我们都能很容易地看到关于候选数2和9的单元格，我们用线串起来之后发现，其中只有1格内多了其他的候选数。我们假设A9这个有额外候选数的单元格填入2的话，那么跟着这个“环”顺时针走一圈，就会得到一个“2-9-2-9-2-9”形状的填法；但如果A9=9的话，就会得到一个“9-2-9-2-9-2”形状的填法。很显然，它们都和其他单元格的填数无关了，并且这两种填数方法都是可行的，根据数独的唯一解的性质，可以知道，这两个假设是错误的，因此A9不应该填2或9，即A9<>{29}。

UL由于它的特殊性，可以延伸到很长，而并不只是像UR那样的，只能是6个单元格。它可以是8个、10个，等等。但是，我们可以简单地根据这一点得到一个结论：UL涉及的单元格数只能是偶数，并且UL的最长长度是16。这是由于最多的情况是全盘都有这样的相同的数对进行组合，并刚好画成一个环。全盘一共是9个宫，但是如果全盘的9个宫都有这个数对了的话，就一定会导致盘面多解的情况，因为这两个数字的位置一定可以互换。因此，2×9=18个是根本不可能的，那样必然导致双解，因此只能是16。

另外，UL也同样可以根据UR的那5种变形进行变化，得到另外的类型。此处将展示一个UL共轭对型（如图盘面64所示），但不会给出其位置，请自行推理找到（提示：它的长度是10，是一个关于候选数4和9的一个UL）。

1	4 9	7	2	4 6 9	6 8	8 9	5	3
6	3	2	8 9	1 9	5	4	7	1 8 9
5	4 9	8	7	3	1 4 9	2	6	1 9
3	2	4 9	6	4 9	7	1	8	6
8	1	6	5	2	4 9	3	4 9	7
7	5	4 9	1	8	3	6	4 9	2
9	6 8	1	3	5 6 7	6 8	5 7 8	2	4
2	6 8	5	4	1 6 7 9	1 6 8 9	7 8 9	3	8 9
4	7	3	8 9	5 9	2	5 8 9	1	6

盘面64

技巧34　可规避矩形（Avoidable Rectangle）之标准型（ARType 1）

可规避矩形（简称AR）是一种将UR标准型反向使用的技巧：已经填入了矩形的三个顶点后，发现第4个顶点不得填入构成致命模式的数字。

8	1	5	4	7	2	9	6	3
4 6 9	3 9	4 6	5	3 6	8	7	1	2
6 7	2 3 7	2 6	1	3 6	9	4 8	4 8	5
4 6 7	2 7	1	8	5	3	2 4 6	9	4 7
3	2 9	2 4 6	6 9	1	7	2 4 5 6	2 4 5	8
6 7 9	5	8	6 9	2	4	1 6	3	1 7
5	8	3	7	9	6	1 2 4	2 4	1 4
2	6	7	3	4	1	5 8	5 8	9
1	4	9	2	8	5	3	7	6

盘面65

如盘面65所示，当做到这里的时候，我们发现，G5、H5和H9都填入了数字，把这3格和G9看在一起的话，刚好组成了“9-？-9-4”的结构，其中的问号“？”是G9的未知的数字。G9如果填入了4的话，将会构成“9-？-9-4”的致命形式，所以填4就是错的，因此G9<>4。

注意：4个顶点都必须是我们填的数字，而不能出现提示数。因为致命模式得是我们自己填入的才作数，一旦有提示数字，我们会根据提示数来推理，就不会出现这种根据唯一性来判断是否可以填的情况了。

您可以尝试这么想，由于这4个单元格都是我们填入的数字，填入4之后，很明显的是，这些数字虽然是根据推理得到的数字，但由于不确定性，不能完全保证这些数字最后一定正确。那么数字就有可能产生互换，导致出错。而提示数就不一样了：提示数是被固定在题目之中的，它们肯定不能够产生互换，也就不能产生类似于致命模式的效果了。因此，结构涉及的所有单元格都不能是提示数所在的单元格。

这被称为类型1，也就是最常规的类型。另外，它还有类型2。

技巧35 可规避矩形（Avoidable Rectangle）之待定数型（AR Type 2）

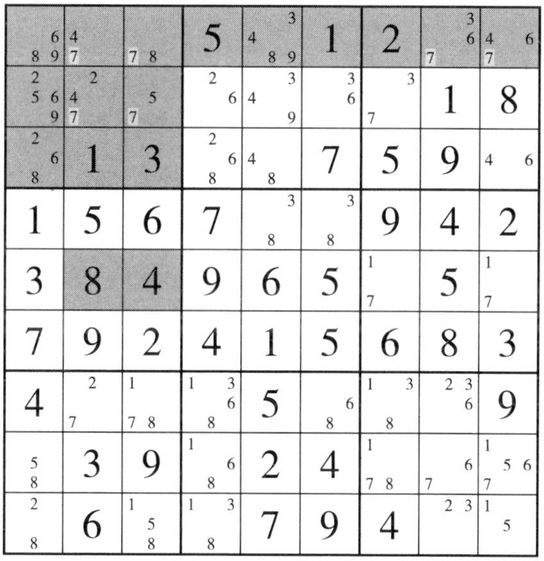

盘面66

题目来自于Hodoku官方网站给出的例题库，有改动。如盘面66所示，当做到这里的时候，我们发现，A2、A3、E2、E3组成了一个矩形。不过其中有2格并没有任何数字。但是我们发现，根据我们的推理，如果“A2=4”和“A3=8”同时成立的话，那么必然会致命，所以不行；如果同时不成立的话，那么就会导致A2和A3同时填7，这显然是违背数独规则的，所以必然只有其中1个情况成立。但不管是哪一个，都会导致A2

和A3共同对应的位置上不得填入7。因为A2和A3同时属于行A和宫1，所以行A和宫1的其余位置上都可以删除候选数7。因此，A8， A9， B2，B3<>7。

这种类型被称为**待定数型**（类型2）。

技巧36 全双值格致死解法之标准型（BUG Type1）

在之前，我们介绍了利用“数独有且仅有唯一解”的定理得到的唯一矩形删减法。但是利用这个理论来解题的技巧并不只有它，下面就将介绍第二种关于全盘的方法。

5	7	8	1	3	6	2	9	4
1 6	1 3	4	2	8	9	7	3 6	5
6 9	3 9	2	5	7	4	1	8	3 6
4	5	9	3	2	1	8	6 7	6 7
3	8	1	7	6	5	9	4	2
7	2	6	9	4	8	5	1 3	1 3
1 9	6	7	8	5	3	4	2	1 9
8	4	5	6	1 9	2	3	1 7	1 7 9
2	1 9	3	4	1 9	7	6	5	8

盘面67

如盘面67所示，当我们采用直观技巧做到这一步的时候，发现之前的所有技巧都不能用了。这个时候，纵观整个盘面，只有H9是3个候选数，而其它的剩余的所有空单元格都只有2个候选数。我们不妨就从那个“奇怪”的单元格开始推理：

如果H9（1）意外地从盘面之中消失（可能是人为的错误删数，或者是其他原因）了的话，整个盘面将变成一个特别的结构，它具有两个特征：

- 全盘的所有单元格都只有两个候选数；
- 全盘的所有行、列、宫内都恰好是数对或者数组结构。

那么，我们试想一下。如果这个盘面能够继续往下做的话，由于每一个单元格都具有上述完全一致的性质，所以我们可以选择这个唯一的、拥有3个候选数的单元格开始假设其剩下的两种填数，并最终得到两个完全不同的盘面。

我们知道的是，内部的所有数对、数组内的填数全部是可以互换的，所以肯定怎么换都是有效的。因此全盘的所有行、列、宫内的数对数组必然可以进行填数的交换，导致“牵一发而动全身”，最终产生两个完全不同的盘面。而正由于两个盘面都是基于该结构对于所在的行列宫全部可以构成数对数组，我们可以从这句话中理解到，如果其中的一个盘面（其中一种情况）如果正确，那另外一个盘面（另外一个填数情况）必然也是正确的。可是题目本身是唯一解的，说明根本不可能存在两个不同盘面都正确的情况，这意味着是两个答案，并违背了唯一解的要求和宗旨。因此，这两个盘面最终都是错误的。所以，原假设就错误了，即H9<>79。

这种技巧被称为全双值格致死解法，而它的英文名“Bivalue Universal Grave”，则可缩写为BUG。

在BUG结构里面，我们称这个唯一拥有3个候选数的单元格叫做三值格，而称其中那个最终会导致盘面完全解出且并没有任何问题的那个候选数，如示例之中的H9（1），为非BUG候选数或真数。

在刚才的内容之中，我们知道了技巧所提及的一部分原理，这里做出一个总结。

首先，我们能够发现，全盘除了一个三值格外，全部都是双值格；

其次，我们可以观察到，这个三值格里面，其中一个数被去掉后，全盘所有单元格上都是双值格，然后任意区域都是一个或多个数对或更高阶的数组结构；

接着，由于在盘面任何一区域都是满足上述说法的，所以任选一个单元格（此时每一个单元格都是双值格，即只有两个候选数），填入其中的一个数，随即可以得到一个盘面（暂时不管盘面是否内部有矛盾），把结果放到一边，然后为刚才那个选取的双值格填入另一个数，随即可以得到另一个完全不同的盘面（也暂时不管盘面是否内部有矛盾）；

因为盘面的每一个双值格都是一样的情况（在盘面之中和所在区域的其余某个或某些单元格构成数组），而又因为每一个单元格都是双值格，所以填入任意一个数的时候，旁边的单元格也会跟着这样的填数情况进行排除，得到其中一种填数情况；而另外一个填数，则又会导致旁边的单元格会跟着这样的填数情况进行排除，从而得到另一种完全不同的填数情况。这样，根据某一格的两种填数情况，进而产生两个完全不一致的盘面；

如果其中一个情况是正确的，那么与之对应的另外一种情况也就应该是对的。由于全盘双值格都总能构成数组的关系，填入其中一种情况，那必然会产生另外一种填数情况。其中一个是对的，另外一个也应该是对的，不可能产生两个盘面一个是对的，而另一个是错的，这种情况；

既然两个情况都是对的，也就意味着产生了两个完全不一致的，但都成立的盘面情况，这必然和数独唯一解矛盾。所以，两个情况都是错的，即这两个结果盘面下，都会在内部的某处产生重复填数的矛盾。另外，由于两个盘面都是错的，即两种假设都是错误的，而这两种假设是基于在删除了某个数字之后，产生的“全盘双值格”局面，所以这个盘面也一定在内部产生了矛盾。所以，原本的那个数字就不应被删除掉。

这便是BUG技巧的原理。理解明白了，但是观察呢？究竟该如何找到这个数字呢。

刚才我们说到，要使得全盘都是双值格、并且每一个单元格都能和所在区域的某个或某些单元格构成数组，结构才能是错误的。最终那个数字（称为非BUG候选数）则是正确的。

那么非BUG候选数应该如何直接被观察到呢？试想一下，如果全盘双值格情况能够出错，那一定是这样的：任何一个候选数，其所在单元格所在的行、列、宫内，都恰好有2个这个数字。举个例子：

3	2	1 9	5 9	5 7 9	6	4	8	1 7
7 9	6	8	4	7 9	1	2	3	5
1 7	4	5	8	2	3	6	9	1 7
8	5	4	2	6	7	9	1	3
6 9	3	6 9	1	8	5	7	4	2
2	1	7	3 9	3 9	4	5	6	8
4	7	1 6	3 6	1 3	2	8	5	9
1 6	8	2	5 6	1 5	9	3	7	4
5	9	3	7	4	8	1	2	6

盘面68

如盘面68所示，假设这个BUG结构的A5（9）被删除了，随后会产生一个盘面，满足之前说的那两点。

并且，任意观察一个候选数，比如B1（9），B1所在的行、列、宫内，都恰好有2个9，不多也不少。当然，你换看其他候选数，也是一样的[注意，此时A5（9）已经被刚才假设删了]。

那么，多出的这个数字，必然存在于某一个候选数的“交集”上。比如说A5，A5是盘面上，行A、列5和宫2所有候选数9的交集单元格。

如果A5添上数字9，则此时A5所在的行、列、宫上，数字9就都刚好出现3次。而事实证明，这样的数最终一定是对的。

所以，在BUG中的三值格，非BUG候选数在其所在的行、列、宫内都恰好出现3次的情况。就像上面的题一样，在盘面67中，三值格H9的候选数{179}里面填入1而删除7和9。根据BUG推理，7和9都是错的，所以填1。但是我们能够发现，1这个填入的数字刚好在行H上出现3次。这是符合刚才说的“非BUG候选数必然在其行列宫内出现3次”的。也就是说，它必须得满足了这条才有可能是BUG。如果说，行和列上出现3次，但宫内只出现了2次，这样也不能称为BUG结构。因为我们在假设过程之中，如果删掉了它，这个盘面必然会直接出数，导致BUG直接被毁掉。为什么出现行、列、宫恰好都必须得是3次的才对呢?

以下两种情况，就不应为BUG结构。

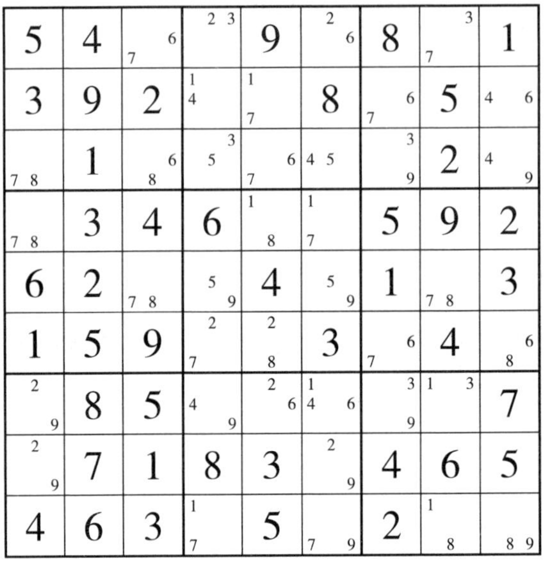

盘面69

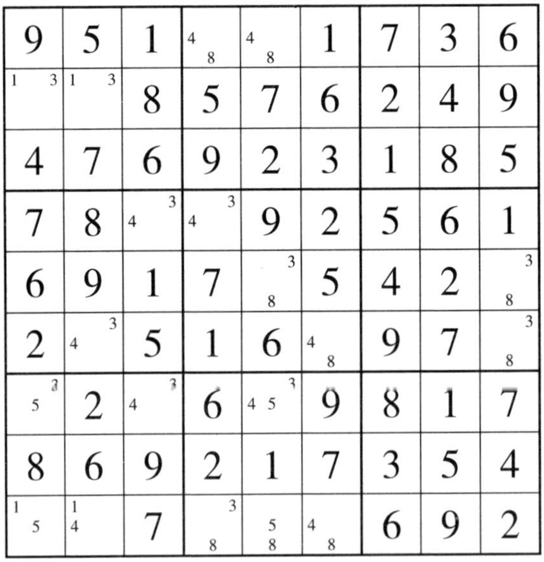

盘面70

如盘面69和盘面70所示。

上边示例，你可以发现，唯一一个三值格的位置在G6。但是，我们无法选取任意一个候选数进行“删除推导”，因为我们发现，去掉G6的其中任意一个候选数后，都可以直接在其所在行列宫上得到出数（注意，这是假设情况，所以此处说的“出数”并不能保证是一个正确的结论）。比如G6去掉1后，列6可以直接出数（因为去掉后，列6的候选数1只有一个）；同理G6去掉4和6也是一样。

下边示例，你可以发现，唯一一个三值格在G5，但是依然不是BUG。因为G5的5在G5所在列上，只有两个5，而并不是三个。这使得去掉这个5后，列5只剩唯一的一个5，可以出数。

所以以上两类情况，都不是BUG，因此无法使用BUG技巧。

下面我们为这个BUG结构做一个总结，满足BUG需要拥有以下这些要求：

- 所有单元格都必须只有2个候选数，而有唯一一格具有3个候选数；
- 盘面的所有行、列、宫内的所有未填数的单元格都属于某个数对或数组结构的一部分。

这些也被广泛适用于BUG解法的推理和证明之中。那么，如何直观快速看到BUG技巧而不标注候选数呢？您可以在整个数独盘面内找出某一行、某一列、某一宫内只有2个空格的情况，并简单标记出来，表示它们一定不是三值格。当实在找不出的时候，再标注候选数，这样可能性就会少很多，推理起来就比较轻松。

另外还有一种办法。发现有疑似BUG盘面的时候，然后在盘面内先找到疑似三值格的位置，并开始假设，写上“abc”。然后根据BUG的定义开始构造一个BUG出来，看是否能够利用这个疑似BUG的盘面完整覆盖。

技巧37 全双值格致死解法之待定数型（BUG Type 2）

待定数型是标准型的拓展版本，它不只1个单元格是3个候选数。

5	4	2 7	6	2 7 8	7 8	9	1	3
2 3	9	6	2 3	1	4	7	8	5
3 7	8	1	3 5 7	5 7	9	2	6	4
2 9	1	8	2 9	4	3	5	7	6
7 9	5	2 7	8 9	6	1 8	3	4	1 2
4	6	3	5 7	2 5 7	1 7	8	9	1 2
8	2	4	1	9	5	6	3	7
6	7	9	4	3	2	1	5	8
1	3	5	7 8	7 8	6	4	2	9

盘面71

如盘面71所示。直观填出了部分数字，并删除掉E4、E6的候选数7（行式区块摒除法）以及E1、E4、F4的候选数2（二链列）。

当做到这里的时候，我们发现，有3个单元格有3个候选数，而其它的单元格均只有2个候选数。此时我们发现，候选数7在这3个格内起到了至关重要的作用：如果这3格均缺少候选数7的话，就会出现BUG结构，使得盘面致命。所以，无论如何，这3格都得保证有候选数7的存在，因此，它们共同对应的单元格C5就一定不为7，即C5<>7。

这被称为待定数型。而且此题有趣的是，做到后面还有1个BUG标准型，请尝试找出它。

注意，这里的7并不是恰好在其所在的行列宫内各出现3次的，而在列5上，7出现了4次，这个并不是错了。而是在这一列，有2个候选数7，都是真数。那么，此时我们就需要将找到的真数忽视掉，然后去看当前真数是否是真正的“行列宫内各出现3次”。比如这里找到的A5（7），需要先忽视剩下两个真数，然后再去观察它是否是真数。所以，一个题有好几个真数都是有可能的，并且它们在同一行、列、宫内。

技巧38　全双值格致死解法之待定数组型（BUG Type 3）

待定数组型BUG是一种极为罕见的技巧，比起之前讲到的四链列还要罕见。它也需要配套数对显性数组解题，此处仅举出一个例子供大家思考和理解。

4	5	6	1	7	2	8 9	8 9	3
9	8	7	3	4	5	6	1	2
1	2	3	8	6	9	4 5	4 5	7
7	4 9	5	6	2 9	8	3	2 4 9	1
6 8	1	4 9	7	2 5	3	4 9	2 6	5 8
6 8	3	2	4	5 9	1	7	6 9	5 8
2	4 7	4 8	5	3	6	1	7 8	9
5	6	1	9	8	7	2	3	4
3	7 9	8 9	2	1	4	5 8	5 7 8	6

盘面72

如盘面72所示。直观填出了部分数字，列区块排除法删除了E3的候选数8；宫6或列9的{58}数对唯余，删除了宫6内其他单元格的候选数5和8；行E的{49}数对唯余，删除了行E其它单元格的候选数4和9。

此时我们发现，单元格D8和I8都有3个候选数，而其余的单元格均只有2个候选数。我们观察到，D8的候选数9与I8的候选数8和A8的候选数{89}存在着这样一种关系（注意观察列8）：如果D8=9并且I8=8同时成立的话，则会导致A8不能填入任何数字；如果D8=9并且I8=8同时不成立的话，则会导致盘面出现BUG结构，最终致命。因此，它们必然一个正确一个错误。但无论是哪种情况正确，都会和列8中的单元格A8构成数对结构，删除列8中其它单元格的候选数8和9。因此，F8<>9，G8<>8。

这就是**待定数组型**（类型3），是配套了数对显性数组的待定数组型。其它情况将不另给出，其出现的频率极其低，然而它其实也可以利用数组占位法来实现对应的观察角度。

技巧39 全双值格致死解法之共轭对型（BUG Type 4）

共轭对型是BUG的最后一种类型。

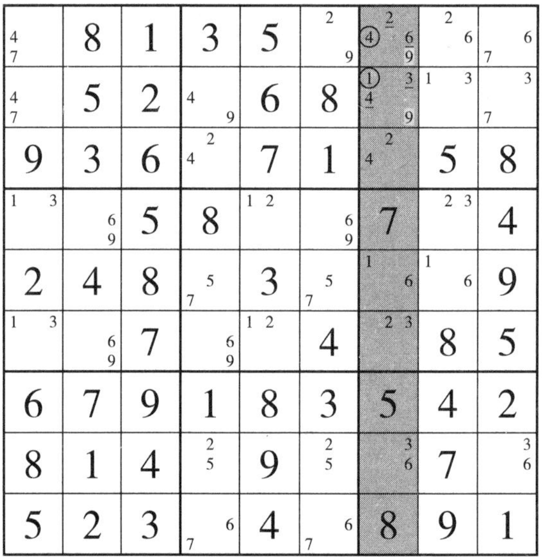

盘面73

如盘面73所示。直观填出了部分数字，宫6或行E的{16}数对唯余，删除了宫6和行E其余单元格内的候选数1和6；行式区块摒除法删除了H4、H6的候选数6；宫式区块摒除法删除了宫2内A6、B4、B5的候选数7；可继续填入B5=6和C5=7；接着宫式区块摒除法可以删除宫5内D6、F4的候选数2。

此时我们发现，A7和B7可以推理。怎么推理呢？我们试着把A7和B7

这2个单元格分成3个部分，第1部分加圆圈，第2部分加方格，第3部分加下划线。

A7的候选数2、6以及B7里面的候选数3、4如果全部都不是这两格的候选数的话，就变成了A7={49}并且B7={19}，就是一个BUG结构导致的致命形式，盘面致死。所以，这2格加下划线的候选数必然至少有1格的是正确的。但是，候选数9在列7内仅仅只有这2个位置可以填，所以，必然有其中一格填9，那么另外一格就只能填2、6之一或者3、4之一了。那么这个时候，我们发现，无论是哪种情况，A7的候选数4和B7的候选数1都跟这里的假设没有任何关系，因此它们可以被安全地删除。

这就是**共轭对型**（类型4），稍微有一点绕，不过逻辑也是非常清晰的。

技巧40 多额外数致死解法（BUG + n）

BUG除了前面的4种类型以外，还有一种特殊的技巧，涉及的候选数互相影响，使得产生了新的一个BUG技巧。这将大量使用到BUG标准型后面提到的观察办法。BUG标准型毕竟出现情况比较少，要求有点苛刻，所以一般都不会出现这类题目，下面就是一个奇怪的例子。

2	1	3	4	5	6	8	7	+
89	69	67	78	3	1	2	45	45
48	45	57	2	78	9	6	1	3
6	7	4	3	2	5	9	8	1
5	2	1	6	9	8	4	3	7
3	8	9	1	47	47	5	6	2
7	3	56	58	48	2	1	9	456
49	69	8	57	1	47	3	2	456
1	45	2	9	6	3	7	45	8

盘面74

如盘面74所示，我们发现，在整个盘面中，有两个三值格。我们根据BUG标准型后面写到的观察方法，发现其中有2个数字都满足这个条件：G9的候选数5和H9的候选数4。经过推理发现，它们不能同时都被删除掉。因为都被删掉后，就会出现BUG，盘面致死。所以，无论如何，这2个单元格内必有一格的真数正确。因此可以得到的是G9<>4， H9<>5。

这个技巧就是BUG+n。其实我们会发现，BUG标准型刚好也可以叫做BUG+1，这是因为标准型的额外数字刚好只有1个。只要自己被删除了，那么它一定是BUG得到的致命形式，所以它是正确的。而这里的例子，则找不到任何一个特征类型来表示，这个则只能被称为BUG+2。

那么怎么样找到多个额外数呢？其实我们观察盘面74也能看出，真数同样是在其对应的行、列、宫内出现了3次的。所以，请注意此点，后面较难的观察需要借助此条进行推理。

而且，涉及的数字也可以不同。下面的例子是BUG+3和BUG+4，它们都不是待定数型，请自行推理。

9	1	8	4	2 7	3 7	3 6	2 6	5
6	2 3	4	9	5	8	1 3	1 2	7
5	2 3	7	6	1 2	1 3	4	8	9
1 4	5	2	7	9	1 6	8	1 4 6	3
1 4	8	6	5	3	2	9	7	1 4
7	9	3	8	1 6	4	2	5	1 6
3	7	5	2	8	9	1 6	1 4 6	1 4 6
2	6	9	1	4	5	7	3	8
8	4	1	3	6 7	6 7	5	9	2

盘面75

2	7	1	4 8	6	5	4 8	9	3
4 8	9	3	7	1	4 8	6	5	2
6	4 5	4 5 8	9	2	3	1	7	4 8
1	8	7	3	4	9	5	2	6
3 4	3 4	2	5	7	6	9	8	1
5	6	9	1	8	2	3	4	7
7	1	6	4 8	5	4 8	2	3	9
3 4 8	3 4 5	3 4 5 8	2	9	1	7	6	4 8
9	2	4 8	6	3	7	4 8	1	5

盘面76

需要注意的是，BUG+n里面的n是指的非BUG候选数（真数）的个数，而不是指单元格的个数。那么，同一个单元格可以拥有多个真数。

您会发现，这些结构都是相当普通的，可以看成类似于类型2（待定数型）的结构。不过不同点在于，涉及的真数是异数的，也就是说，结构是涉及不同数字的。但是，因为待定数型毕竟是涉及同一候选数的，所以此处仅能使用BUG+n（多额外数致死解法）来说明技巧。

技巧41　待定数组（标准）（Almost Locked Set）之欠一数对（Almost Locked Pair）

待定数组（简称ALS）是一种数组的活用方法。由于它的变型比较多，并且比较难，所以在需调整说法只讲解其标准形式，即它的标准用法和逻辑。毕竟，待定数组是一个大话题。

3	5	6	9	2	8	1	7	4
9	1	8	5	7	4	{36}	{36}	2
2	{47}	{47}	6	3	1	9	8	5
{68}	3	2	7	{18}	5	4	9	{16}
{568}	{78}	{157}	4	9	3	{68}	2	{167}
4	9	{17}	2	{18}	6	{38}	5	{137}
{58}	6	{35}	{38}	4	7	2	1	9
7	2	{34}	1	6	9	5	{34}	8
1	{48}	9	{38}	5	2	7	{346}	{36}

盘面77

题目来源于独·数之道论坛。如盘面77所示，当做到这里的时候，我们发现，在D1、E7这2格都只有候选数{68}，它们有没有什么关联呢？

我们观察到，在它们的公共区域E1、E2、E3（由于D1位于宫4，E7位于行E，它们的共同对应的位置）刚好有2格中有候选数6和8，E1和E2。我们发现，如果E1、E2同时都是{68}的话，很明显它们就直接构成了数对结构了，但是在D1或者E7的{68}将使得这里无法填数，因为有3个单元格内只填2个不同的数字的话，这显然是不可能的，所以这个情况是错的；但如果E1、E2都不填{68}的话，宫4和行E内就会出现数字6或者8的其中一个数没法填进去，所以，这也是不成立的。所以，E1和E2中必有其中1格是{68}。

但是无论是E1还是E2是{68}，都会和宫4内D1的{68}组成数对，删除掉宫4内其余单元格的候选数6和8（但是宫4没有其余单元格能填6和8了）；也会和E7的{68}组成数对，删除掉E7内其余单元格的候选数6和8。此处观察到E9还能填入数字6，所以E9<>6。

这种解题技巧中，E1和E2的候选数{68}是“待定”的、不确定的，因此被称为欠一数对。“欠一”一词就表示差一点点的意思。但是这个方法还能变化一下，下图就是另外一种待定数对的推理方法。

3	5	6	9	2	8	1	7	4
9	1	8	5	7	4	3 6	3 6	2
2	4 7	4 7	6	3	1	9	8	5
6 8	3	2	7	1 8	5	4	9	1 6
5 6 8	7 8	1 5 7	4	9	3	6 8	2	1 6 7
4	9	1 7	2	1 8	6	3 8	5	1 3 7
5 8	6	3 5	3 8	4	7	2	1	9
7	2	3 4	1	6	9	5	3 4	8
1	4 8	9	3 8	5	2	7	3 4 6	3 6

盘面78

如盘面78所示，我

们从E2、E3的{17}开始推理。

同盘面77的推理方式，我们可以得到E2、E3这2格的候选数{17}必定只能是其中1格填入。那么根据数对的推理方式，由于行E必须填入1和7，所以，还缺少一个填{17}的位置与它构成数对，因为只有这样，才能满足行E能够1和7。因此，我们发现行E就只剩下E9内可以填{17}了，所以它必定只能是{17}。所以，E9的其余候选数应当删除，即此处E9<>6。

下面将请您自行观察并推理，如盘面79所示，结构仅位于阴影部分内。

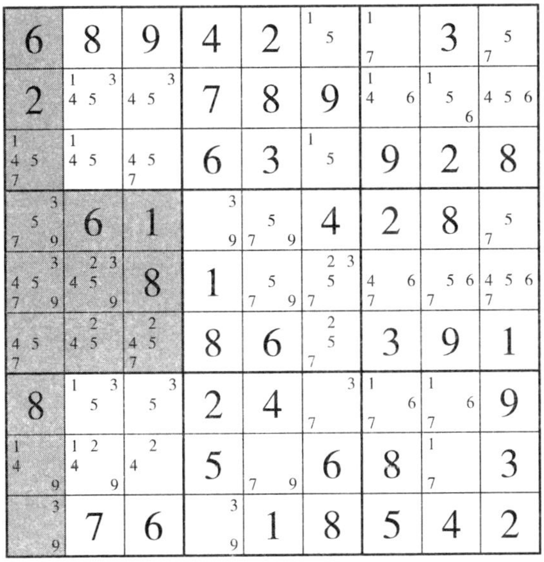

盘面79

技巧42 待定数组（标准）（Almost Locked Set）之欠一三数组（Almost Locked Triple）

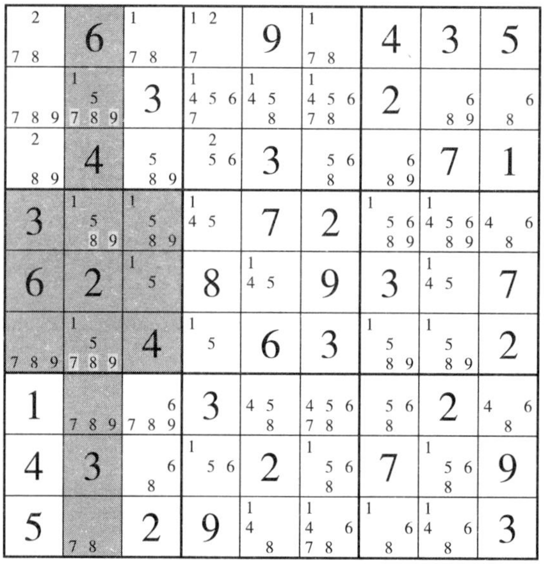

盘面80

如盘面80所示，我们发现，在宫4和列2内，有B2、D3、F1、G2、I2、D2和F2分别都有候选数{789}。其中，D2和F2刚好是宫4和列2的交集处。当D2、F2都是{789}的时候，此时就会发现，无论是宫4还是列2内，在前面提到的6个格子中，都会存在着有4个单元格来填这3个数字的情况，这显然是不行的，它们必定会有其中1格不能填入任何数字，所以这样就是错的；但是当D2、F2都不填{789}的话，我们就会发现，在前面提到的这6个格子中，都会存在着有2个单元格来填这3个数字的情况，这显然也是不行的，它们必定会有其中一个数字填不进去。所以，D2和F2中，将只有其中1格的候选数应该是{789}。

但是无论是D2还是F2是{789}，都会使得宫4或者列2内其余单元格内不填{789}，所以应当删除掉其余位置的候选数7、8和9。此处在宫4内并没有可以删除的位置，列2的B2<>{789}。

这里待定的数组是一个三数组，因此该技巧的名称是欠一三数组。

由于这种数组的特殊性，我们可将其变形，并融入更多的技巧，使得它更加漂亮和实用。下方将讲解一个特殊的待定数组，同样会涉及2个单元，但是这2个单元内的待定数组却并不一致。这种情况，我们称之为“融合式”的。因为这两组待定数组是有一部分“融合”在同一个单元格内的。

技巧43 融合式待定数组（Sue de Coq）

接下来讲解的内容则是和刚才的欠一数组相似，用法却完全不同的技巧。

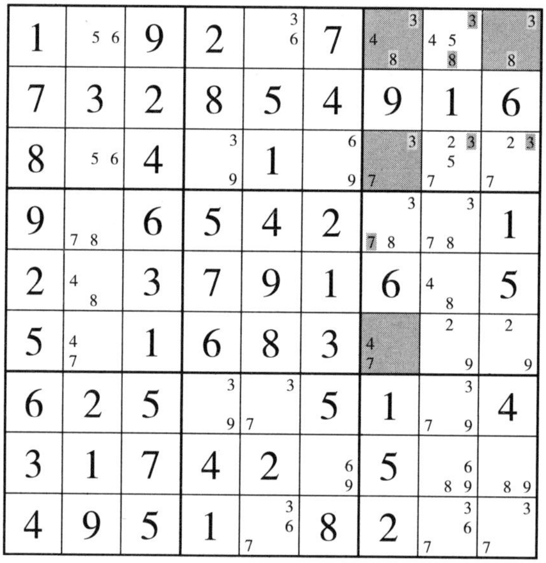

盘面81

如盘面81所示，我们观察列7和宫3内，分别各有一组待定数组，一个是列7内A7、C7和F7的待定数对{47}，以及宫3内A7、A9和C7的待定数对{38}。其中，刚好它们的公共区域上，两组待定数对融合在了一起。此时我们开始推理。

如果两组待定数对的公共区域（A7和C7）上，都只填{47}的话，很明显，3个格子内填2个数字是不成立的，如果都不填{47}的话，那么就都只能填{38}，那么宫3内也会出现3个格子内只填2个数字的情况，这也是错误的。所以，A7和C7中，必有一个是{47}，而另一个则是{38}。虽然不知道哪个是{47}，哪个是{38}，但是我们知道，列7已经出现了数对{47}了，而宫3已经出现数对{38}了。所以，宫3的其余单元格内将一定不填{38}，而列7的其余单元格内将一定不填{47}。因此，就有如下的删数情况：A8<>{38}、C8<>3、C9<>3、D7<>7。

这种技巧被称为融合式待定数组，简称SDC。

融合式待定数组的英文名可以被缩写为SDC，原写法是Sue de Coq，是一个法语词组，当时是一个网名叫做Sue de Coq的人发表了一篇这种技巧的发现及理论说明的帖子，随后延续下来，但其实本身名字和技巧的逻辑毫无关系（读音为/'sju: də kɔk/）。当然了，读音很像是数独的英文发音（Sudoku），是一个极其巧妙的巧合。

其中的2组待定数组不一定都是数对，也可以不一样，如下面的例子（盘面82），其中一个是待定数对，而另外一个则是待定三数组。

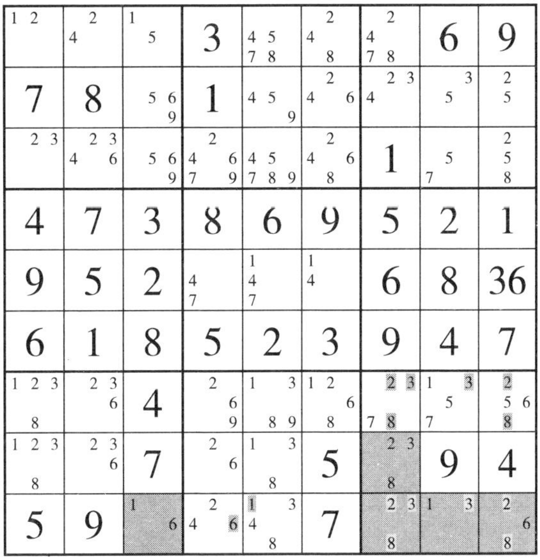

盘面82

我们注意到，这些技巧都有一个共同点：在n

个单元格内存在有n+1种不同的数字，我们称这样的情况就叫做待定数组。

探索SDC的旅程并没有结束。接下来的这个例子将会把上面的推理过程拓展到了一个新的高度。上面的公共区域只有2格，而如果公共区域变成了3格将会怎么样呢？

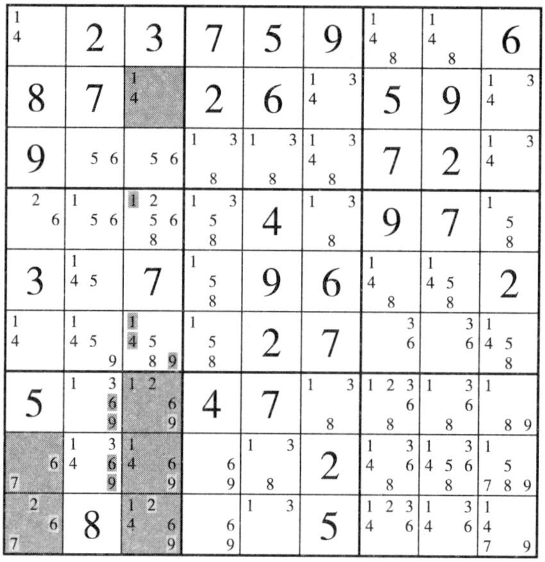

盘面83

如盘面83所示，同样有两个待定数组，一个在宫7，是待定三数组{267}，而另外一个则是列3的待定数对{14}。不过，我们发现，它们的公共区域变成了3格。分别是G3、H3和I3，可是我们又发现，G3、H3和I3都有候选数9。试着思考一下，它们之间的填数关系是怎么样的呢？

情况1：如果G3、H3、I3都同时填{14}，于是列3就会有4格填{14}这2个数字，因此不成立；

情况2：如果G3、H3、I3都同时填9，这显然是错的，因此不成立；

情况3：如果G3、H3、I3都同时填{267}，于是宫7就会有5格填

{267}这3个数字，因此不成立；

情况4：如果G3、H3、I3的其中2格填入{14}、剩下的1格填入{267}或者9，就会导致列3中有3格填入{14}这2个数字，因此不成立；

情况5：如果G3、H3、I3的其中2格填入{267}、剩下的1格填{14}或者9，就会导致宫7中有4格填入{267}这3个数字，因此不成立；

情况6：如果G3、H3、I3的其中2格填入9、剩下的1格填入{267}或{14}，这明显是错的，所以不成立；

情况7：G3、H3、I3的任意其中1格填{14}，第2个填{267}，最后一个填9。

综上所述，所有的填数情况均已列出，但是只有一种情况成立，就是情况7，这意味着G3、H3、I3这3格内必然是“一格填一种”，就像图上画出的那样，同一种标记数字为一种情况，那么每一格都只能填入各不相同的1种情况。

但是无论怎么填，必定会导致列3内出现{14}数对，删除掉列3内其余单元格的候选数1和4；宫7内会出现{267}三数组，删除掉宫7内其余单元格内的候选数2、6和7。另外，由于G3、H3、I3内必然有一个位置会填入9，因此根据区块摒除法，得到宫7和列3的其余单元格内都不得填入9。所以，盘面内的所有加下划线数字所对应的部分都可以被删除。

另外，可以观察到，这种特殊的3格的“公共区域”里面，出现了同一个数字，这个数字很神奇，您可以尝试将这个数字放到待定数组的一边，不论哪一边都行，因为它是被“公共使用”的。

这个结构因为分析讨论填数情况是很麻烦的，我们可以采用另外一种观察角度。

首先，观察到B3单元格是有两个候选数的，那么根据数对的知识，我们必然知道的是，该结构必须还需要一个单元格，也是这样的两个候选数，才能够构成数对结构。因此，我们就需要在下面的公共部分处选择其中一个单元格，来指定它们只能是这两种候选数才可以；随后，我们发现H1和I1这2个单元格内有3种不同的数字，我们就需要再找一个单元格也是这3种候选数，才可以构成数组结构。因此，公共部分处还有一个单元格是属于这个“数组”的。那么，融合区域就只剩下一个单元格了，而我们发现，这个区域内，仅剩下候选数9。那么，最后一个单元格必然是9。

这样一来，我们就找到了结构最终的情况。同样也能够形成删数。

技巧 44　伪数组（Extended Subset Principle）的定义和用法

除了之前讲到的待定数组的一些特定解法外，还有一种特殊的解法。而这种待定数组和上述的情况在推理过程之中有些不同。

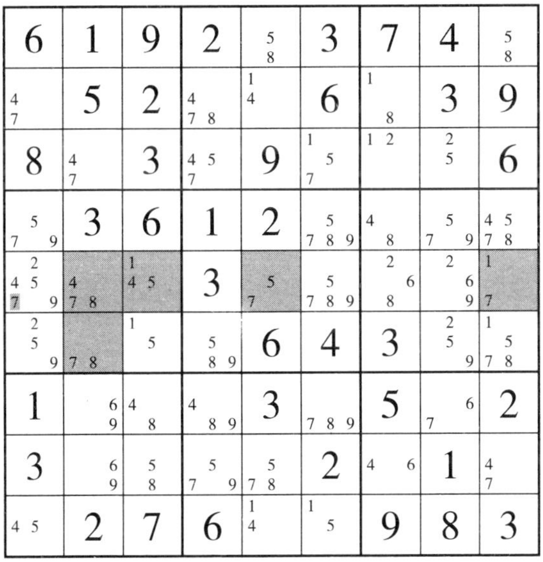

盘面84

如盘面84所示，灰色单元格乍一看，它们是5个毫无关系的单元格。但它们仍然具有关联。

我们试想它们是一个“数组”。也就是说，这5个单元格内的数字全部都不相同。那么，这5格将可以填入1、4、5、7、8。那么，7的位置将只存在于E2、F2、E5、E9这4格内；而它们还无法确定它是否是数组，如果它们内部有重复，怎么推导呢？我们首先应该知道的是，重复的数字一定不在同一个单元（行、列、宫）中。利用这一点我们发现，1、4、5、7、8这5个数字在这5格内的分布情况，只有7是“拐了弯”的，它位于4格内，并且在两个不同单元中。那么只有7可能出现重复填数的情况。因为7可能填入到两个不同单元中，所以，7不管填在哪一个单元内，也都能删除E1（7）。而综合第一种情况（全部不重复），我们发现，交集只有E1（7）。所以E1<>7。

这个技巧被称为伪数组，并不是真正意义上的数组，因为它还具有重复的情况。

下面再举一例。来看看它和融合式待定数组，即SDC结构，拥有什么样的关联。

技巧 45　伪数组和SDC的关联

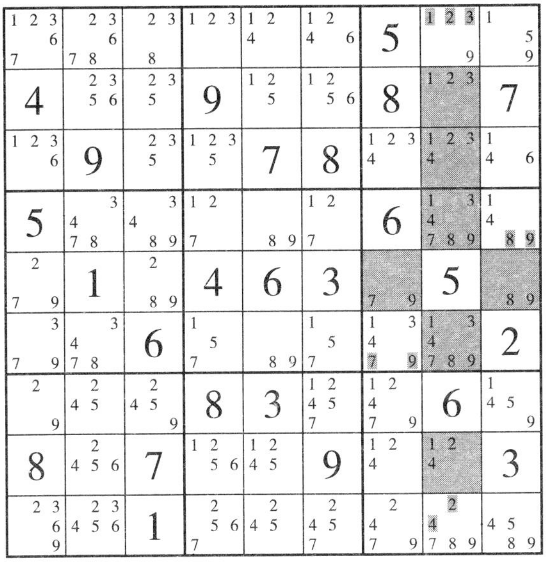

盘面85

如盘面85所示，我们按照伪数组的方式看出，它是一个涉及7格的伪数组。如果它们不重复的话，很明显，它就按照简单的数组形式进行删数了，只是因为7、8、9不和1、2、3、4同一单元，所以对两个单元分别删数罢了。

但是如果它有重复的话怎么办呢？我们观察这7个单元格，发现这一点是不成立的。因为根据上一小节内给出的原理，我们发现，这7种数字全部都仅位于同一单元内，并没有出现上一小节那样存在跨越不同单元的候选数。所以，这一种情况不成立。

那么，这7格里面的数字一定各自均不重复。

所以，SDC是一种特殊的伪数组，因为SDC内部一定是不重复的。另外，之前的分支匹配法一样可以按照伪数组的方式进行观察，只是这么观察可能效率不高。

技巧46　死亡绽放（Death Blossom）

死亡绽放是一个非常奇特的数独技巧，形状也非常美丽。它其实也是枚举法的变形，来看一个例子。

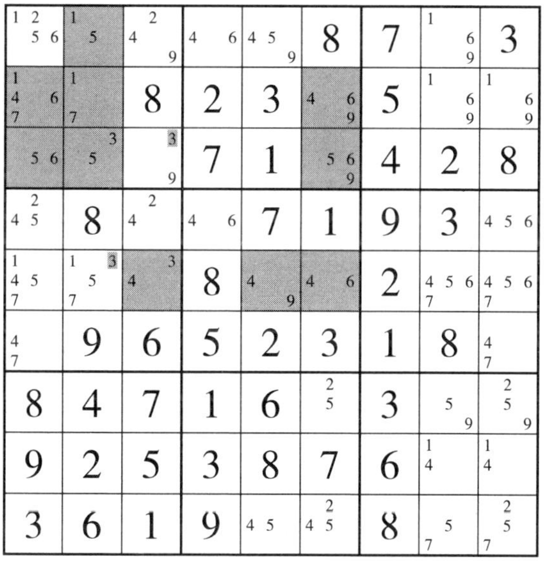

盘面86

如盘面86所示，找不到其他技巧的我们，分别假设B6（4，6，9）这3个数字是对的，于是就有如下的推理过程：

当假设B6=4，那么B1就不能填4了，这样会发现，宫1内粗线框围住的5个灰色单元格（A2，BC12）内就会产生五链数{13567}；

当假设B6=6，那么E6就不能填6了，这样会发现，行E内3个灰色单元格内就会产生三数组{349}；

当假设B6=9，那么C6就不能填9了，这样会发现，行C内3个灰色单元格{C126}内就会产生三数组{356}；

就只有这样3种情况。但是我们发现，无论是其中的哪种情况，最终都会出现一个共同的结论，就是删掉3。首先这3种情况都包含数字3；其次，3最终可能填入的位置也只有C2和E3这两个单元格。

这个技巧的名字叫做死亡绽放，它就像一朵花绽放开来。但是这个技巧不大容易观察。

技巧47 链之摩天楼（Skyscraper）

数独的世界里面流传着这么一句话，“链乃万物之源”。为什么这样说呢？因为所有的技巧都可以表示成“链”的形式。这或许会有些别扭，但是真正理解了其中的意思，所有的数独题目都将迎刃而解。那什么是链呢？

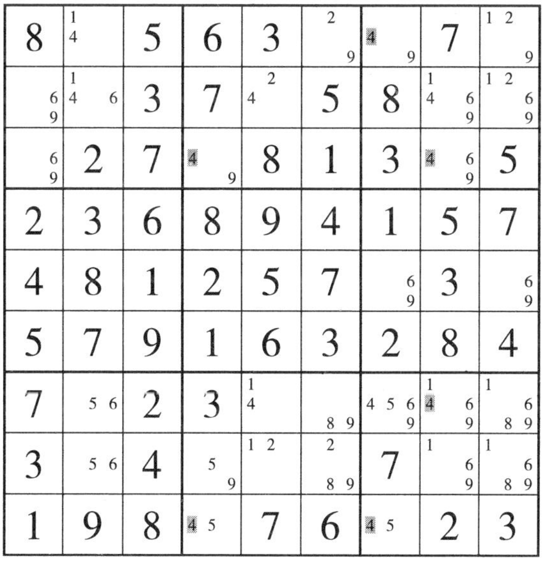

盘面87

如盘面87所示。我们发现，在行C和行I，能够直接看到候选数4仅仅只能填入这2行的C4、C8、I4、I7内。于是，我们有如下的推理过程：

第1步：如果C8<>4，由于行C必须得填一个4，所以就只有C4=4；

第2步：如果C4=4，I4<>4；

第3步：如果I4<>4，由于行I必须得填一个4，所以就只有I7=4。

我们简化一下上面的说法，就是“如果C8<>4，则I7=4”。另外还有一种情况，就是C8=4的时候。我们能够很明显地看到，它会直接导致有一部分位置是错误的，即它所在的行、列、宫的20个相关格组。

但是，就只有这两种情况出现，我们已经都考虑到了。而其他别无可能了。所以说，头尾至少有一个情况是成立的。那为啥是“至少一个”，而不是“有且仅有一个”呢？虽然这两种情况对于C8（4）是完全相反的两种填法，不过你可以这么去想问题：虽然C8<>4可以得到I7=4，但C8=4并不一定可以得到I7<>4。换句话说，C8=4也完全有可能让I7=4，此时头尾都填4，就是两个4了。因此，头尾应当为“至少一个”，而不是“有且仅有一个”为4。所以，不论是前者成立还是后者成立，它们共同对应的单元格（A7、B7、C7、G8、H8、I8）上，都将不能填4。由于其中的部分单元格已经填入了数字，而有些单元格内并不包含候选数4，所以只有A7，G8<>4。这种技巧被称为摩天楼。

在整个推理过程中，我们全部的推理过程形成了一个思路链条，此时就能写成 条链；每 个“拐点”，即推理过程中每 步的开头和结尾，被称为链的节点。在这条链中，每个步骤的假设情况如果是由“不填某数”而推出“必填某数”的关系的话，则称它们叫**强关系**（Strong Inference）；将“必须填某数”而推出“不填某数”的关系的话，则称它们叫**弱关系**（Weak Inference）。于是，把强关系表示成实线，弱关系表示成虚线的话，则盘面88可表示成下面这样：

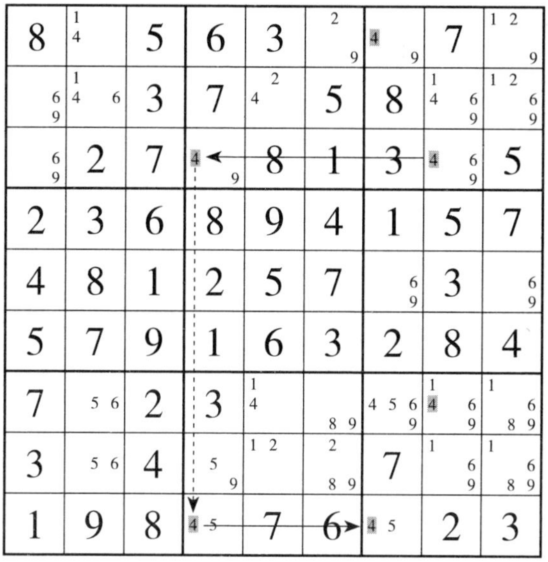

盘面88

如盘面88所示。我们使用实线箭头表示强关系，而使用虚线箭头表示弱关系。可以看到，强弱关系已经很明显地表示在上方了：强-弱-强。这是可以被理解的，因为在我们之前的推理过程中就是这样出现交替的：不填-填-不填-填，所以我们发现一个神奇的现象。

链的形成原则：**链的强弱关系必须得交替出现，而链首尾的关系是相同的，而且就目前来说，首尾必须同为强。**

当然，首尾也可以同为弱，只是现在不会提及此点。而现在提到的链，称为标准链，简称链，英文缩写为AIC。

另外，根据链的形成原则，我们还能得到一条推论。

如果说一条链的强弱关系必须交替出现、并且首尾必须同为强的话，那么链的形成方式就一定是强、强—弱—强、强—弱—强—弱—强等。若链的长度表示链内包含的关系数量的话，那么链的长度就一定是奇数。所以推论为：链一定是奇数长度。

简单地说明摩天楼的话，摩天楼就是一条长度为3的、“强-弱-强”的、并且强关系平行的链。

而我们从刚才的语句之中总结出来：

- 从不填到填的过程可知两数具有强关系；
- 从填到不填的过程可知两数具有弱关系。

这也被称为强弱关系第一定义。

其中，我们称链假设的开头为链头或链首，并称链假设的结尾为链末或链尾。

此外，链的构造原则如下：当某条链成立的时候，链的首尾两数还可以得到对应强或弱的关系，其关系由链的第一个关系决定。例如盘面88的这条链，链头C8（4）和链尾I7（4）是可以形成强关系的，这其实是由于整条链是强弱交替的，而以强关系开头就意味着链头必须是从不填某个数开始。最终根据链的推理过程，得到链尾是必填入某个数的。所以，我们根据这一条链，论证并得到了这一条结论。

技巧48　链之双线风筝（Two String Kite）

如果我把摩天楼的两强关系的位置关系从平行改成垂直的话，会发生怎么样的情况呢?

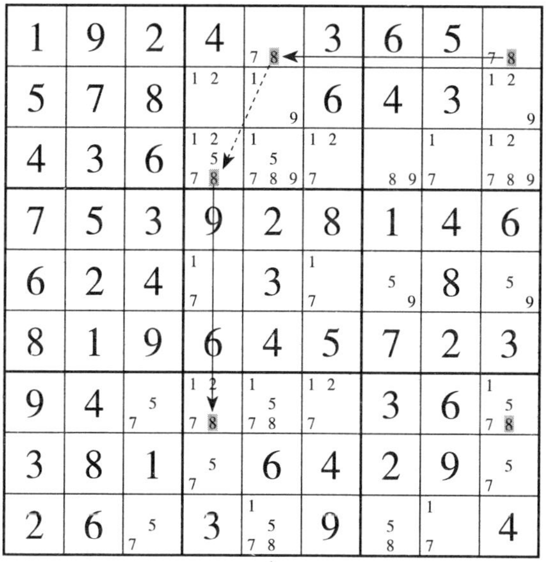

盘面89

如盘面89所示。由链的结构，我们可以得到：这里的强链变成垂直的了，但仍旧还是“强-弱-强”的链结构，根据链的逻辑，我们可以得到，链头A9和链尾G4共同对应的单元格为G9，所以G9<>8。推导过程如下：

第1步：如果A9<>8，则由于行A必须填一个8，所以只能是A5=8；

第2步：如果A5=8，则宫2内将不得出现第2个8，所以C4<>8；

第3步：如果C4<>8，则由于列4必须填一个8，所以只能是G8=8。

但A9=8的时候，一定能够得到A9的20个相关格组不填8。

通过这3步的推导，反之亦然，可以删除共同对应的部分，即G9<>8。

这种技巧被称为双线风筝。它也是“强-弱-强”，但是强关系是互相垂直的。

技巧49 链之多宝鱼（Turbot Fish）

介绍完前面的这两种链的结构后，现在介绍一种“新”的技巧，它其实包含双线风筝和摩天楼这两种结构，它被称为多宝鱼。

多宝鱼是专指简单的强-弱-强的链，所以它也就是双强链。但它有两种特殊情况：当强关系是互相平行的时候，此时被称为摩天楼，而强关系互相垂直的时候叫做双线风筝。而强关系既不平行也不垂直的情况，就只能叫一般的多宝鱼。

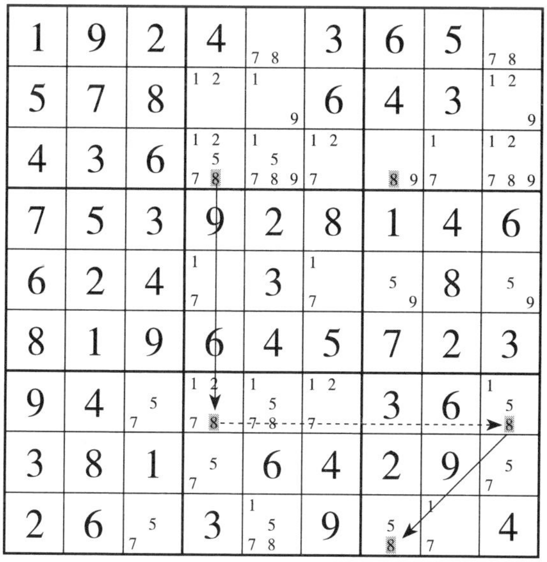

盘面90

如盘面90所示，根据链的逻辑，可以得到以下内容：

第1步：C4（8）与G4（8）构成强关系；

第2步：G4（8）与G9（8）构成弱关系；

第3步：G9（8）与I7（8）构成强关系。

写成链的话，我们可以简单记作这样：

C4（8）=G4（8）-G9（8）=I7（8） => C7<>4

或者记作：

C4（8）==G4（8）--G9（8）==I7（8） => C7<>4

其中，我们用“=”或者“==”表示强关系，用“-”或“--”表示弱关系，然后写出删数情况。有时候的删数可以直接省略不写，即：

C4（8）=G4（8）-G9（8）=I7（8）

本书由于为读者提供充分的阅读参考，故写出了删数。

总结：链的由来和其假设有关，强弱关系的得到是由下方的两种定义论证：

强弱关系第一定义：

由不填得到必填的时候，此时我们称它们为强关系；

由必填得到不填的时候，此时我们称它们为弱关系。

数独技巧专讲

链这个技巧，很多人说，它的推理过程和试数也有差不多的地方。但是，实质上，它们是不同的。

首先，试数的方式是，假设某一格的某个候选数成立，然后向四周拓展来进行排除操作，最终得到同一行、列、宫内得到填数相同或不能填入某个数字的错误或者矛盾；而链不同的是，它的出发点和试数就不一致，而出发点是按真和假的两种情况讨论而来的。而只有其假的时候，才是链的真正的核心部分。可见，它们俩的逻辑是不同的。

出发点不同意味着什么呢？首先，出发点不一致会导致寻找链的时候出现不同，如果采用试数的逻辑的话，您就会发现，试数和链的寻找其实还是存在不一致的。这也是一个很重要、并且很难的点。新手往往会在这里卡住，并且一直无法提升。

在找链的过程之中，我们需要“聚焦”。比如在找链的时候，我们首先应当找出强关系，然后用弱关系直接连接起来。因为弱关系的特殊性，它的逻辑其实就是排除效果。所以我们可以只找出强关系，然后尝试使用弱关系连接起所有的这些关系。当然，有时候强关系找得太多了，不一定都有用；也有时候，强关系找的太少，不能够起到效果，这就得靠自己多做题才能锻炼出来了。

那么强关系如何观察呢？一般意义上，强关系一定产生于同一单元内只有两个相同数字。当然，在后续的内容里面，这样的说法不严谨，不过目前来说，您可以这么去理解。这种“同一单元内仅有这两个相同数字”的特殊结构称为共轭对。为什么要提这个术语呢？因为这就能使得这两个数形成强关系。因为不填a即填b，就是在描述这个共轭对的关系；而共轭对这一定义，就目前而言，它也就是在描述强关系。

所以，本书讲解的技巧，其实都只是最为简单和基础的结构。希望您读完书之后，能有一个对链全新而又更为丰富的认识。

找链需要多多练习，并不是一眼就能看出来的。大多数大师，都不一定能够做到“秒速搜索”。这并不是一件易事。所以，加油啦！

数独Q and A

这里罗列出一些相关的问题解答。希望大家学得开心。

■ 数独一定是唯一解吗？

任何一道数独题都必须唯一解，因为这是保证做题的一般要求。就像数学题一样，题目解法很多，但一般来说，答案都只有唯一的一个（或一组），如果题目出现多个解，题目就不严谨了。当然，无解题就更不应该出现了。除非是故意出多解题（或无解题），比如比赛防止试数而出的题目，就有可能是多解或无解题。比如之前数独锦标赛的Guess No More（怎么猜都猜不到）环节。

■ 数独提示数越少越难？

这个观点是一个普遍存在的误区。在本书开始我们就说明了，17是可以达到的保证唯一解的最少提示数个数，但这样的题目并不见得就很难，而17提示数的题库之中，其实不乏有简单的题目。题目的难度主要由这个东西决定——提示数的分布情况。

■ 提示数必须中心对称？

题目给的提示数中心对称仅仅是为了题目的美观，在出题的时候可以将题目中的提示数的形状定为中心对称的，也可以是轴对称的，还可以是关于对角线对称的，甚至是没有任何对称结构的，这些题都可以。所以在标准数独题目之中，并不需要让提示数具有中心对称的形状。

■ 感觉题目好难的样子，做不动怎么办？

认为题目难，可能是自己的技术不够，不适合做这种难度题目；可能是能力够了，但是知识点不扎实导致的；也可能是知识点扎实了，但是没看到。比如行列排除法，有时候就很难观察到，但技巧本身来说，其实是比较简单的。

■ 题目的难度是怎么定的？什么样的题目才叫难？

题目的难度是一眼看不出的。而不同地方，对于数独题目的难度都有自己的见解，因此这些定级都是相对的。不过大概难度是一样的：使用到的技巧只有宫排除法为入门级别；使用技巧的难度在区块排除及以下的，叫做初级级别；使用技巧的难度在数组及以下的，叫做中级级别；使用技巧难度在短链及以下的，叫做高级级别；使用技巧在普通链及以下的，叫做骨灰级别；那么超过普通链的技巧，一般而言都是超骨灰了。

另外，有一个软件——Sudoku Explainer（直译为“数独分析器”），可以测评所有标准数独题目的绝对难度系数，相对比较科学，也因此成为国外广泛流行的题目评级软件。

■ **技巧名字太多了，记不住怎么办？**

技巧名字不是用来记忆的，而是用来给大家拓展思路和解答疑惑用的。

■ **书上的技巧把所有数独技巧全部都介绍了一遍吗？**

其实并没有。数独的技巧变化千千万万，并不能学完。我们只能从书上学到基础的一些逻辑推理思维，然后在此之上进行活用和拓展。我们也希望大家能从这本书上受益，比如在链之中，让大家学习到各种链的逻辑，然后加以活用。

■ **题目如果做错了还有办法修改吗？**

做错了的话，一般来说，是没有方法修改题目的，只能重新做一遍。因此，在做题过程之中，应该避免这种情况的出现，做题就必须小心翼翼，每一步的思路都要非常严谨才可以。

习　题

001

				2	1	9		
				5		6		
				6	8	2	1	5
						7		1
1	2	9				8	6	3
7		8						
9	1	6	2	7				
		2		8				
		4	5	9				

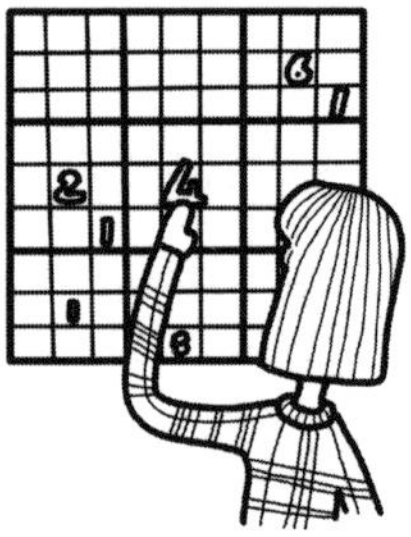

002

		6						
	5	2	6					
1	4	9	5					
9	3	4						
	2						7	
						1	4	8
					7	8	5	9
					1	2	6	
						7		

003

				1				
			8		3			
			9		2		7	
	9	4		8		1		6
6			3		4			8
7		8		2		4	3	
	1			4				
					5			
						6		

004

	3				6			
7		6		2		5		
	2		5		3			
		5		7				
	4		3		2			
9		2	4	1		7		
	1		9		4			
				8				
					5	8	9	2

005

			4	3	6			
		3				4		
	5			7			9	
		7				5		
			5	6	4			
	2			9			1	
	3	8		1		6	4	
		6	3	4	2	9		
				5				

006

				4	8			
			7			6		
		4					3	
		6	2				8	
	5	8	3					6
	7				5	2		3
	2				7	9		4
		5					6	
			1	9	3	8		

007

				2				
			1		4			
		3				7		
5	6		7		3		1	2
3			5		9			8
	7	9				3	5	
	5			3			6	
6		8	2		1	5		7
	3						2	

008

			7	8	3			
	1	7				2	4	
5								8
4								5
	8		6	2	4		3	
		6				4		
		2				1		
		9				6		
			5	6	2			

009

1								8
5	2			4		9		1
8		3	6		9	2		4
7	1		5		4	8		3
2			1		8	5	7	9
9				5		4		7
4								5

010

		2	4	6	1			
		6				5		
			7				3	
		5					7	
	8			3			9	
		7		2		8		
			6	1	2	7		
				8				
			5					

011

			4	1	7	8		
		7					5	
	8							9
7								3
1						4	7	5
	9	5			2	6		8
	7		5	2		1		6
		3				9	2	
			6	7	9			

012

			4	7	1			
		9				3		
	4			3			5	
	8			9			3	
	1			6			7	
	7			4			2	
	9			5			1	
		2				7		
			9	1	7			

013

				9				
			3		4			
		6				8		
	8		9		6		2	
1								3
6			5	3	2			9
	4	8				7	6	
		7				2		
	6	1	8	7	5	3	9	

014

	9	3	4	8	2	5	1	
	8				5		6	
	1				6	2	9	
	2	9			1		3	
	7		9	2			4	
	6			5			2	
	3	7	6	1	8	9	5	

015

7			9	1	6			2
	6	2				9	1	
		1				6		
	4		1		9		6	
1								8
6		9		7		5		1
8		4	5	9	7	3		6
	2		8		4		5	
		6	3	2	1	8		

016

	1	2			9		5	
				3		6	1	
8				1		7		
1	9							
			5		4			
							8	6
		4		2				8
	2	1		4				
	6		3			2	7	

017

		3	1	7	6	4		
		1		8		5		
	8						9	
4			2		1			8
	3						5	
8			7		3			9
	2						4	
		4		3		9		
		5	4	9	7	8		

018

			8	7	6			
5								2
	8	7		5		6	1	
8	4						3	7
			5		8			
6	3						2	8
	5	9		1		8	6	
2								1
			9	8	3			

019

		6	2		7	1		
	8						7	
		2		1		6		
6			7		2			9
3			1		9			8
9			5		8			1
		3		2		4		
	7						3	
		5	3		4	8		

020

		9				6		
4			1		6			9
	5		9		7		8	
2			3	6	5			7
		6				5		
1			4	7	8			6
	2		7		9		6	
3			6		2			1
		7				3		

021

7		8	5					
				4				9
6			8			4		7
	3						8	
	5		2		8		6	
	6						9	
3		6			1			8
4				8				
					9	1		6

022

	2				1		7	
1		9				5		8
			4		9			
9		5						
			1	7	3			
						8		2
			3		6			
8		7				6		4
	5		8				1	

023

			2		4			
		2	7		3	1		
	4	3				8	6	
2	7			3			1	4
			1		5			
1	8			7			2	3
	5	8				2	9	
		1	8		9	4		
			6		2			

024

		2	5	6	7	4		
	6						7	
		8		1		6		
9			7		8			4
8			4		6			5
		5		7		1		
	8						9	
		4	9	3	5	8		

025

	4		8		6			
	3					7		8
	5			7				
2			6			9		
		6		3		2		
		1			8			7
				8			5	
3		7					4	
			2		1		7	

026

8	3			5				
5						7	2	
				1	8		4	
			1			9		
7		5				1		2
		6			4			
	7		3	9				
	5	2						3
				4			7	6

027

	3				9			1
4		8					6	
	2			8	6			
					1	2		7
		6				5		
9		2	5					
			6	7			9	
	6					7		2
5			2				3	

028

	1		8		5		3	
8		5				5		1
				1				
	7		3		6		2	
3								6
	8		7		1		4	
				9				
9		6				4		7
	2		5		3		9	

029

				1	7		6	
				4			2	
		5				1	3	
9			4					5
2			8		1			9
3					5			1
	9	3				4		
	1			8				
	4		1	9				

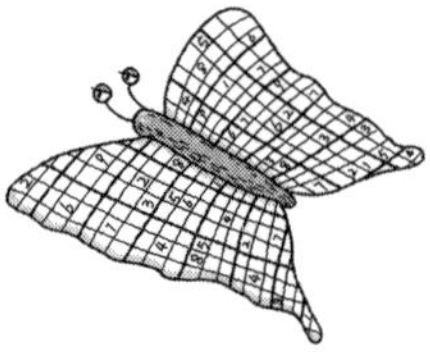

030

7		9		4				
			8			6		
4			5				3	
	8	3			9			
5								6
			2			3	1	
	2				1			3
		4			6			
				5		7		4

031

				3	8		4	
			9		1			8
5	9							
3						7		
		4		2		3		
		1						6
							2	9
8			1		6			
	1		7	4				

032

		8	3		1			
5								
						2	1	7
	9	6	2	5				
		1		9		3		
				1	8	5	6	
4	3	5						
								6
			9		7	4		

033

					1			
6					4		3	
	4	8				7		
3						2	8	
8			7	9	2			3
	9	4						1
		6				3	5	
	5		2					6
			1					

034

							6	
	8	2		5			7	
4				2		9	3	5
					2	7		
			6	3	1			
		1	4					
8	2	9		7				6
	5			6		2	9	
	7							

035

1			2					
2	3	4		5			6	
5								
	7			3	8			
	2			1			8	
			6	4			1	
								8
	9			6		4	2	3
					9			5

036

			2		5			4
	4							
	6	9			4			3
		7	1	8				
		1				6		
				4	2	3		
9			5			8	7	
							3	
1			4		9			

037

			2		5			3
	2					1	5	
		7			9	4	2	
5					4	3		9
				2				
8		6	3					1
	6	4	5			9		
	3	5					1	
1			4		3			

038

5			3	6	9			
							5	
6					4			3
		4	9				8	
	7			1			2	
	8				6	9		
4			7					8
	1							
			8	4	3			7

039

			9		6			
6	4		1		8		2	9
7								6
		4				7		
	3			5			6	
2			7		4			1
	2		3	1	7		8	
1			4	9	2			3

040

					1		2	3
			2			4	5	
				6		7		1
	3		4		2	1		
		8			3			
7			8	9				
	2	3	9					4
9	8							
1		4				9		

041

	1		9		8			2
				7			1	9
						8	7	
		4		9	1		6	
				4				
	9		8	6		2		
	3	2						
1	5			8				
7			3		6		4	

042

	3				1	2		8
				9				
8						7		4
6		5		1			3	
			6	2		5	4	9
9					4			
			9			6		
2								
	7		2	6				5

043

			4		5			
		3		9		6		
4				6				
7		4				2		
				8		4		7
		6	1			8	3	
		2						6
				5	6		1	
	1		8	4		9	2	

044

					2	8		
		7	4				2	
		4		5	3	7	1	
		8	5				6	
				3				
	9				8	2		
	7	5	8	6		3		
	8				1	4		
		9	2					

045

					9	2	4	
			6			3		9
				3		7		
	9			4				
		5	1	7		4		8
3							1	
9	7	6		2		1		
1					7		2	
	5			6				7

046

3		4		2			6	
						3		7
6					3	2		
			5			6		
5					7		9	3
		1		6				
	8	6	4				3	
9				7		4		8
	4			9			2	

047

	3	7	8			9		
	5						4	6
				3				
							6	
			9	5		7		
	4		6	2			5	
	7							5
2		8						
		5		6	9	4		7

048

			9	2	6			
		3	8		1	5		
	4						9	
4	6						5	3
		9		1		4		
2	3						7	9
	8						1	
		5	1		8	2		
			5	9	4			

049

	4		7	9				2
6						3		
	8						4	
					9			
9			8	2				7
		1		5				6
	9	6	4					
3		8				4		9
	2			3			5	

050

			9					4
4						5		
7	6			8				
2	9					1		
	7	1	2		9			5
		4	7	1		9		2
1			8	4				
9		7		2	5	8		1
		2	1	9				

051

9		7			4	6		
			6			8		
		6			9	4	2	
	7					9		
		3				7	4	2
	6	9			2	5		
	9		1			3		5
	5				8	1		
6						2	7	

052

		4					8	7
		3	8		2			6
	6				5			
	5			9		1		
			3					
				1		8		2
		5					6	
			1	2	6	7		
		1				9		

053

	4			9				7
6		8	5					2
		5					8	
			2			7		
4	1			3	6			
					1		3	
2			3				1	
9				4				
					9		2	

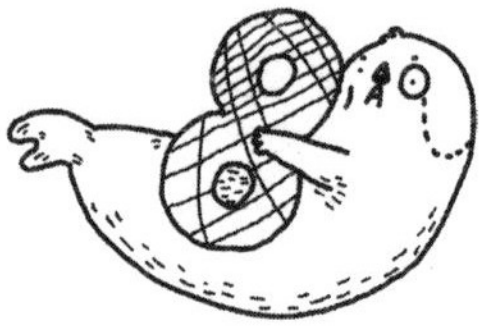

054

		8	3		7			9
2	6					3		
							4	
3				5	2	1		8
7		4			8			5
	5							
	8				6			7
					5	2		
		1						

055

	5	1						
9		2				3	6	5
	3	7				1	9	
	1			8			2	7
		9		7			5	
5	7	6					1	
7		8	4	2			3	1
			6				4	
1								

056

					7	2		
		6						1
	8			6	2	3		
	9	8						
	3			7				
		7	2	3	9		8	
9							2	
		4			6	9		
6				5	8		4	

057

				3	2			5
2		4				7		
			9					8
	4		2	5	9	8		
							5	
	1	6						
		7						9
8						4	3	
6			5					

058

		8					9	1
	6	2		3			8	
					2			
	7						3	5
8		9		5	3	7	2	
	3	4	6			1		
		1		8	5			
						9		

059

		1	5	9				
							9	
	2			7	3	6		
	4	2			6		7	8
9				8	7	5		
								9
5				1	2	7	4	3
1	3							

060

			5	9	7			3
				1			2	
9	3		4					
	6					4		
	4	2				7	8	
		9					6	
					6		9	4
	1			5				
4			3	7	1			

061

4		8				2		
		1	9		6	5		
						9		7
2			3		4		9	
	5		1		2			3
9		6						
		4	7		1	6		
		2				4		8

062

		6			3		4	
			4			2		1
	5	2				3		
2		8	6					
				1				
					9	1		7
		1				4	8	
8		5			1			
	2		5			9		

063

			2	4	5		3	1
7		2					9	
				1				
	2		9					
		4		7		5		
					3		2	
				9				
	8					1		3
1	7		3	8	6			

064

6		1	7			5		
					5		6	7
				8				
4		9		1				
		2	6	4	9	3		
				2		8		9
				5				
7	9		2					
		8			4	6		1

065

3	5	1		8				
8					7			
			5					6
	2			5	9	4		
1	8						2	5
		7	8	3			1	
4					5			
			9					3
				2		1	5	4

066

3								
9	2	5			1		4	
1				3	6	7		
	1			9				
4		2				1		8
				2			7	
		9	6	5				7
	8		3			2	5	9
								6

067

	4		2					3
		1			9		8	4
		3	7				2	
3								
			1	4	6			
								6
	2				7	8		
8	5		9			2		
9					8		1	

068

			9					
						1	3	5
	8				6	2		
			2	7			6	4
		7				8		
2	6			3	9			
		3	8				4	
4	7	5						
					1			

069

4			1		3	7		
								4
			7		2	1	9	
7							3	
	5			8			7	
	6							5
	2	8	3		5			
1								
		5	9		1			7

070

	5				2	7		
				7				5
		2			1	3	6	
6	9	7						
						2	5	8
	7	3	8			6		
5				6				
		6	1				4	

071

					4	8		3
		9		8			5	
2								4
					6		4	5
			8		1			
4	6		5					
8								2
	3			7		1		
1		7	2					

072

7		1			8	5		
	9				7			
	8		9			6		
			3				2	8
				5				
6	3				9			
		4			5		8	
			2				9	
		5	4			7		3

073

4			1		2	7		
3				9				
							2	8
7			4		9	1		
2								9
		1	5		6			4
6	8							
				4				7
		5	6		3			1

074

4	8					3		
		1	8	3				6
3	2							5
				2	3			
6				4				7
			5	8				
7							6	2
5				1	6	9		
		9					4	1

075

	2							
			3	6	2	4	5	
		5		9		3		
			2					8
		2	1	5	6	9		
9					4			
		7		2		5		
	3	4	9	7	1			
							7	

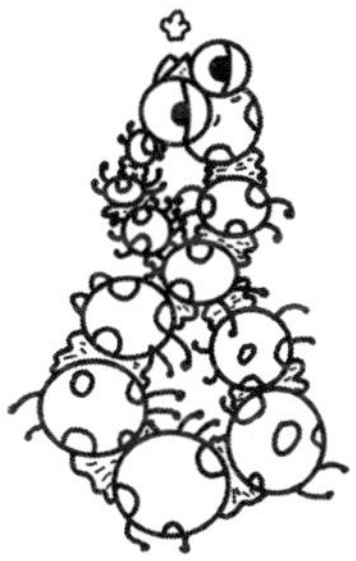

076

					1	5		6
	3	7	6			9		
				8		2		
	6		3			7	9	
	1	3			9		6	
		9		6				
		6			2	3	4	
4		8	7					

077

9	5		7				2	
				9	4		6	7
8			2			5		
5	2			4			9	3
		6			9			8
7	8		9	3				
	9				5		3	4

078

3			2	1	7			4
	5							
		4	5	9	3			
	3					6	4	
				2				
	8	9					2	
			9	7	6	5		
							1	
2			8	5	1			3

079

	4	3		5	6			
						3		4
			3		2		7	
1			5			6		
	9						5	
		2			4			3
	6		8		3			
2		1						
			9	2		7	1	

080

								8
			8	3		9		6
4			6					
5			2					
		2	9		5	3		
					4			9
					3			7
1		7		6	2			
2								

081

5	6				4		3	
1		3	7	5		6		
2		7						
7	5		1					
					3		1	6
						4		8
		6		9	7	1		2
	1		6				7	3

082

8	5	2						
7	4		3	2				
		1					6	
		7	4		8			
6	3						8	5
			5		6	3		
	6					9		
				9	3		1	4
						5	3	6

083

			4	9	5		8	
					6			
3	4	5				6		
		9	8		2	3		
6								2
		8	7		9	1		
		1				7	3	5
			5					
	5		9	2	3			

084

3				5		6	4	
					4		2	
							1	8
1	7		4		2	5		
				8				
		3	6		1		7	4
7	3							
	2		9					
	1	5		7				3

085

					7		3	
3			1	4		5	7	
	5			6		9		4
9	1		4					
					1		4	8
5		1		2			6	
	8	4		1	6			9
	9		3					

086

			6		2	3	8	
	8						5	2
9		2				1		
1					6		4	
			3		5			
	6		2					5
		6				7		4
2	9						6	
	4	7	9		3			

087

					5			
			6					3
				4		2	5	7
4	8				9	5		
	1			7			6	
		6	5				3	9
2	5	9		1				
8					7			
			4					

088

				8	1			
		5	7					
				2	3	1	6	7
4	8					3		
6			8		4			9
		1					8	6
9	1	8	6	7				
					2	6		
			9	3				

089

8		7	4				9	
9	5				3			1
	1			9				
		1		6	8			
5								3
			1	5		8		
				8			1	
6			5				8	2
	4				2	9		5

090

9	6	2		5		3		
		5			2			6
	7			1	8		3	9
5				3				8
2	3		4	9			7	
1			8			4		
		4		2		8	5	3

091

		4			8	5		2
	2				6		8	
1		3				7		
	6			7	9			
			8	1			4	
		2				9		7
	1		9				2	
8		6	4			1		

092

		5	1		7			
				3				
		6				2		8
7					4	1		
	1		2	5	6		3	
		2	7					5
2		1				8		
				2				
			5		9	3		

093

8	6	1	2					
				5			8	
		3						
	2		1					4
		6	8	2	4	7		
7					5		9	
						4		
	7			6				
					8	5	1	9

094

9	4		1			6		5
					4			
		8					9	
	3	9			5	7		
	8			4			5	
		5	9			1	2	
	7					5		
			2					
3		6			8		7	4

095

7	6	1		9	5	8		
2		4						
		9	4		8			
			9	5			1	6
9	1			2	4			
			8		9	3		
						1		2
		8	1	7		6	9	5

096

			4		3			
3		6		8	5		4	
9							8	
6		7		2				
		2				9		
				1		4		7
	7							5
	5		2	3		1		4
			5		8			

097

	7		9				1	6
	9		7	3			4	
5		3						7
8								
			1	8	6			
								2
7						6		4
	2			6	3		5	
6	8				5		2	

098

7		8			9		6	
						7		8
6	2						3	
8					7	3		5
			5		8			
9		7	6					2
	8						9	1
5		6						
	3		4			8		7

099

			1			7	3	2
		4	5		6	9		
	7							
4			2				5	
		5		8		3		
	8				5			9
							9	
		3	6		8	5		
7	6	2			1			

100

		7	8			3		
2				7		1		
6	3	5						
				4			5	
		9		3		8		
	8			1				
						5	2	1
		1		9				8
		4			3	7		

101

6		5			8	4		
	9							
		2		7		1		9
3	2	7					4	
	4					8	7	3
5		3		4		2		
							6	
		9	1			5		4

102

3	8				6			
			9					
	2		3	8	1			
	3			2			5	6
1								4
9	6			4			8	
			8	9	2		3	
					5			
			7				1	5

103

						7	9	
6	1	9						5
	7	5						3
			8		6		5	9
		8	1	3	9	6		
3	9		5		2			
9						5	4	
2						9	3	7
	8	7						

104

1	6						3	4
		3		6	5			
4			8					
						1		5
7	4						8	3
2		1						
					2			1
			6	5		7		
6	3						5	9

105

		1					9	
					8	7		
2	4						1	6
	1				2			
7	5	2		9		1	3	8
			5				6	
5	9						8	1
		3	6					
	8					4		

106

		4	3	7			6	
1		2			5			
		3	6					
	2			5			4	6
		9				5		
5	3			4			8	
					9	4		
			5			2		8
	1			2	7	6		

107

			4	9	6	7		
6				2			9	5
7								
		7			2		1	
			5	4	8			
	4		1			2		
								1
2	9			7				8
		5	8	1	4			

108

5						8		
1		6			3			2
2		8	1	5		4		
					4	1	9	
	5	9	6					
		4		3	1	6		5
9			2			3		1
		2						4

109

	9					4		
2				4	9			
			2	8				5
		1				5	7	
	6	9		2		8	1	
	7	2				6		
9				6	3			
			5	1				8
		3					5	

110

			4	7		2		
			2	5		7		
		6			8			3
7						8	5	
	4						2	
	9	8						6
8			6			9		
		1		3	2			
		7		8	5			

111

					9			8
2	4			7		1		
9			6	1				4
	2		8					
		1				3		
					1		5	
1				4	3			5
		9		8			6	2
8			5					

112

	1				5	8		
7	3		8			2	5	
5		8						
					7		9	6
			5		8			
1	6		9					
						6		4
	7	9			4		8	5
		3	7				2	

113

	3		1			5	8	4
			5	4				1
			3			9		7
		9				4		
3		6			2			
1				6	3			
4	7	8			1		9	

114

					3	4		9
6		1	4					
				6		7	8	
2	6							
		8		4		2		
							7	3
	4	5		1				
					4	3		5
3		7	5					

115

		7	5					
	5				7			
8		2		9				3
5					9	2		8
	1						3	
7		3	8					4
9				7		1		6
			9				4	
					6	9		

116

					8			
		4			7	9		1
8				1		6	2	
	1				4		3	
			7	2	3			
	7		1				6	
	3	2		7				6
9		8	3			7		
			8					

117

		7					3	
				5	3			9
1	2		4					
	3	8						
		1		6		3		
						7	5	
					4		6	2
2			1	8				
	6					5		

118

					5			
			9	1	8	5		
3						1	8	6
		2					7	3
		5				4		
8	9					2		
1	7	6						9
		3	4	7	9			
			6					

119

		2			9			
			4			2		6
	4		6	1				
7						3		
4			3	9	8			2
		6						5
				4	3		8	
5		9			1			
			2			6		

120

							9	4
	4		5		8			
2	7	6	3			8		
4						2		
		5		8		6		
		7						9
		1			5	4	6	2
			1		4		5	
7	5							

习题答案

001

5	6	3	4	2	1	9	8	7
2	8	1	9	5	7	6	3	4
4	9	7	3	6	8	2	1	5
6	4	5	8	3	2	7	9	1
1	2	9	7	4	5	8	6	3
7	3	8	6	1	9	5	4	2
9	1	6	2	7	4	3	5	8
3	5	2	1	8	6	4	7	9
8	7	4	5	9	3	1	2	6

002

7	8	6	1	2	4	3	9	5
3	5	2	6	8	9	4	1	7
1	4	9	5	7	3	6	8	2
9	3	4	7	1	8	5	2	6
8	2	1	4	5	6	9	7	3
6	7	5	3	9	2	1	4	8
4	1	3	2	6	7	8	5	9
5	9	7	8	3	1	2	6	4
2	6	8	9	4	5	7	3	1

003

2	8	7	4	1	6	5	9	3
9	4	5	8	7	3	2	6	1
1	6	3	9	5	2	8	7	4
3	9	4	5	8	7	1	2	6
6	2	1	3	9	4	7	5	8
7	5	8	6	2	1	4	3	9
5	1	6	7	4	9	3	8	2
8	3	2	1	6	5	9	4	7
4	7	9	2	3	8	6	1	5

004

5	3	1	7	4	6	2	8	9
7	9	6	8	2	1	5	4	3
8	2	4	5	9	3	1	7	6
3	8	5	6	7	9	4	2	1
1	4	7	3	5	2	9	6	8
9	6	2	4	1	8	7	3	5
2	1	8	9	3	4	6	5	7
6	5	9	2	8	7	3	1	4
4	7	3	1	6	5	8	9	2

005

8	9	2	4	3	6	1	5	7
1	7	3	9	8	5	4	6	2
6	5	4	2	7	1	8	9	3
9	6	7	1	2	3	5	8	4
3	8	1	5	6	4	7	2	9
4	2	5	8	9	7	3	1	6
2	3	8	7	1	9	6	4	5
5	1	6	3	4	2	9	7	8
7	4	9	6	5	8	2	3	1

006

3	6	9	5	4	8	7	2	1
5	8	2	7	3	1	6	4	9
7	1	4	9	2	6	5	3	8
9	3	6	2	7	4	1	8	5
2	5	8	3	1	9	4	7	6
4	7	1	8	6	5	2	9	3
8	2	3	6	5	7	9	1	4
1	9	5	4	8	2	3	6	7
6	4	7	1	9	3	8	5	2

007

9	4	5	3	2	7	6	8	1
7	8	6	1	5	4	2	9	3
1	2	3	8	9	6	7	4	5
5	6	4	7	8	3	9	1	2
3	1	2	5	6	9	4	7	8
8	7	9	4	1	2	3	5	6
2	5	7	9	3	8	1	6	4
6	9	8	2	4	1	5	3	7
4	3	1	6	7	5	8	2	9

008

2	9	4	7	8	3	5	1	6
8	1	7	9	5	6	2	4	3
5	6	3	2	4	1	9	7	8
4	2	1	3	9	7	8	6	5
9	8	5	6	2	4	7	3	1
7	3	6	8	1	5	4	2	9
6	5	2	4	3	9	1	8	7
3	4	9	1	7	8	6	5	2
1	7	8	5	6	2	3	9	4

009

1	3	7	2	9	5	6	4	8
6	9	4	8	1	3	7	5	2
5	2	8	7	4	6	9	3	1
8	5	3	6	7	9	2	1	4
7	1	9	5	2	4	8	6	3
2	4	6	1	3	8	5	7	9
9	6	2	3	5	1	4	8	7
3	7	5	4	8	2	1	9	6
4	8	1	9	6	7	3	2	5

010

5	3	2	4	6	1	9	8	7
8	7	6	2	9	3	5	4	1
1	4	9	7	5	8	6	3	2
9	2	5	8	4	6	1	7	3
6	8	4	1	3	7	2	9	5
3	1	7	9	2	5	8	6	4
4	9	3	6	1	2	7	5	8
7	5	1	3	8	9	4	2	6
2	6	8	5	7	4	3	1	9

011

5	3	9	4	1	7	8	6	2
4	6	7	2	9	8	3	5	1
2	8	1	3	6	5	7	4	9
7	4	6	8	5	1	2	9	3
1	2	8	9	3	6	4	7	5
3	9	5	7	4	2	6	1	8
9	7	4	5	2	3	1	8	6
6	5	3	1	8	4	9	2	7
8	1	2	6	7	9	5	3	4

012

3	2	5	4	7	1	6	8	9
7	6	9	5	2	8	3	4	1
8	4	1	6	3	9	2	5	7
2	8	4	7	9	5	1	3	6
9	1	3	8	6	2	4	7	5
5	7	6	1	4	3	9	2	8
6	9	7	2	5	4	8	1	3
1	5	2	3	8	6	7	9	4
4	3	8	9	1	7	5	6	2

013

7	1	3	2	9	8	5	4	6
8	5	2	3	6	4	9	7	1
4	9	6	7	5	1	8	3	2
3	8	5	9	1	6	4	2	7
1	2	9	4	8	7	6	5	3
6	7	4	5	3	2	1	8	9
9	4	8	1	2	3	7	6	5
5	3	7	6	4	9	2	1	8
2	6	1	8	7	5	3	9	4

014

4	5	2	1	6	7	3	8	9
6	9	3	4	8	2	5	1	7
7	8	1	3	9	5	4	6	2
3	1	4	8	7	6	2	9	5
8	2	9	5	4	1	7	3	6
5	7	6	9	2	3	8	4	1
9	6	8	7	5	4	1	2	3
2	3	7	6	1	8	9	5	4
1	4	5	2	3	9	6	7	8

015

7	5	8	9	1	6	4	3	2
4	6	2	7	3	8	9	1	5
9	3	1	4	5	2	6	8	7
2	4	5	1	8	9	7	6	3
1	7	3	6	4	5	2	9	8
6	8	9	2	7	3	5	4	1
8	1	4	5	9	7	3	2	6
3	2	7	8	6	4	1	5	9
5	9	6	3	2	1	8	7	4

016

4	1	2	7	6	9	8	5	3
5	7	9	4	3	8	6	1	2
8	3	6	2	1	5	7	4	9
1	9	5	6	8	2	4	3	7
6	8	3	5	7	4	9	2	1
2	4	7	1	9	3	5	8	6
3	5	4	9	2	7	1	6	8
7	2	1	8	4	6	3	9	5
9	6	8	3	5	1	2	7	4

017

5	9	3	1	7	6	4	8	2
2	4	1	3	8	9	5	7	6
6	8	7	5	2	4	1	0	3
4	7	9	2	5	1	6	3	8
1	3	2	9	6	8	7	5	4
8	5	6	7	4	3	2	1	9
9	2	8	6	1	5	3	4	7
7	1	4	8	3	2	9	6	5
3	6	5	4	9	7	8	2	1

018

1	2	3	8	7	6	4	5	9
5	6	4	3	9	1	7	8	2
0	8	7	2	5	4	6	1	3
8	4	1	6	2	9	5	3	7
7	9	2	5	3	8	1	4	6
6	3	5	1	4	7	9	2	8
3	5	9	7	1	2	8	6	4
2	7	8	4	6	5	3	9	1
4	1	6	9	8	3	2	7	5

019

5	3	6	2	9	7	1	8	4
1	8	9	4	5	6	2	7	3
7	4	2	8	1	3	6	0	5
6	1	8	7	3	2	5	4	9
3	5	4	1	6	9	7	2	8
9	2	7	5	4	8	3	6	1
8	6	3	9	2	1	4	5	7
4	7	1	6	8	5	9	3	2
2	9	5	3	7	4	8	1	6

020

7	1	9	5	8	3	6	4	2
4	8	3	1	2	6	7	5	9
6	5	2	0	4	7	1	8	3
2	9	4	3	6	5	8	1	7
8	7	6	2	9	1	5	3	4
1	3	5	4	7	8	2	9	6
5	2	1	7	3	9	4	6	8
3	4	8	6	5	2	9	7	1
9	6	7	8	1	4	3	2	5

021

7	4	8	5	9	2	6	1	3
5	1	3	7	4	6	8	2	9
6	2	9	8	1	3	4	5	7
1	3	7	9	6	4	2	8	5
9	5	4	2	3	8	7	6	1
8	6	2	1	5	7	3	9	4
3	9	6	4	2	1	5	7	8
4	7	1	6	8	5	9	3	2
2	8	5	3	7	9	1	4	6

022

3	2	4	5	8	1	9	7	6
1	6	9	7	3	2	5	4	8
5	7	8	4	6	9	3	2	1
9	4	5	6	2	8	1	3	7
6	8	2	1	7	3	4	5	9
7	1	3	9	5	4	8	6	2
2	9	1	3	4	6	7	8	5
8	3	7	2	1	5	6	9	4
4	5	6	8	9	7	2	1	3

023

8	1	9	2	6	4	7	3	5
5	6	2	7	8	3	1	4	9
7	4	3	5	9	1	8	6	2
2	7	6	9	3	8	5	1	4
9	3	4	1	2	5	6	8	7
1	8	5	4	7	6	9	2	3
6	5	8	3	4	7	2	9	1
3	2	1	8	5	9	4	7	6
4	9	7	6	1	2	3	5	8

024

3	1	2	5	6	7	4	8	9
5	6	9	2	8	4	3	7	1
7	4	8	3	1	9	6	5	2
9	3	6	7	5	8	2	1	4
4	5	7	1	2	3	9	6	8
8	2	1	4	9	6	7	3	5
6	9	5	8	7	2	1	4	3
2	8	3	6	4	1	5	9	7
1	7	4	9	3	5	8	2	6

025

7	4	9	8	1	6	5	2	3
1	3	2	5	9	4	7	6	8
6	5	8	3	7	2	4	9	1
2	8	3	6	5	7	9	1	4
4	7	6	1	3	9	2	8	5
5	9	1	4	2	8	6	3	7
9	2	4	7	8	3	1	5	6
3	1	7	9	6	5	8	4	2
8	6	5	2	4	1	3	7	9

026

8	3	4	2	5	7	6	1	9
5	6	1	4	3	9	7	2	8
9	2	7	6	1	8	3	4	5
2	8	3	1	7	5	9	6	4
7	4	5	9	6	3	1	8	2
1	9	6	8	2	4	5	3	7
4	7	8	3	9	6	2	5	1
6	5	2	7	8	1	4	9	3
3	1	9	5	4	2	8	7	6

027

6	3	7	4	5	9	8	2	1
4	9	8	7	1	2	3	6	5
1	2	5	3	8	6	9	7	4
3	5	4	9	6	1	2	8	7
7	1	6	8	2	3	5	4	9
9	8	2	5	4	7	6	1	3
2	4	3	6	7	5	1	9	8
8	6	9	1	3	4	7	5	2
5	7	1	2	9	8	4	3	6

028

2	1	7	8	6	5	9	3	4
8	9	5	4	3	7	2	6	1
4	6	3	2	1	9	7	8	5
5	7	1	3	4	6	8	2	9
3	4	2	9	5	8	1	7	6
6	8	9	7	2	1	5	4	3
7	5	8	6	9	4	3	1	2
9	3	6	1	8	2	4	5	7
1	2	4	5	7	3	6	9	8

029

4	2	9	3	1	7	5	6	8
1	3	6	5	4	8	9	2	7
7	8	5	2	6	9	1	3	4
9	7	1	4	2	6	3	8	5
2	5	4	8	3	1	6	7	9
3	6	8	9	7	5	2	4	1
8	9	3	7	5	2	4	1	6
5	1	2	6	8	4	7	9	3
6	4	7	1	9	3	8	5	2

030

7	3	9	6	4	2	1	5	8
1	5	2	8	9	3	6	4	7
4	6	8	5	1	7	9	3	2
2	8	3	1	6	9	4	7	5
5	9	1	7	3	4	2	8	6
6	4	7	2	8	5	3	1	9
9	2	5	4	7	1	8	6	3
8	7	4	3	2	6	5	9	1
3	1	6	9	5	8	7	2	4

031

1	2	6	5	3	8	9	4	7
4	7	3	9	6	1	2	5	8
5	9	8	2	7	4	6	3	1
3	6	9	4	1	5	7	8	2
7	8	4	6	2	9	3	1	5
2	5	1	3	8	7	4	9	6
6	4	7	8	5	3	1	2	9
8	3	2	1	9	6	5	7	4
9	1	5	7	4	2	8	6	3

032

2	6	8	3	7	1	9	4	5
5	1	7	4	2	9	6	8	3
9	4	3	8	6	5	2	1	7
8	9	6	2	5	3	1	7	4
7	5	1	6	9	4	3	2	8
3	2	4	7	1	8	5	6	9
4	3	5	1	8	6	7	9	2
1	7	9	5	4	2	8	3	6
6	8	2	9	3	7	4	5	1

033

7	3	9	5	2	1	8	6	4
6	1	2	8	7	4	9	3	5
5	4	8	6	3	9	7	1	2
3	7	5	4	1	6	2	8	9
8	6	1	7	9	2	5	4	3
2	9	4	3	5	8	6	7	1
1	2	6	9	4	7	3	5	8
4	5	7	2	8	3	1	9	6
9	8	3	1	6	5	4	2	7

034

7	3	5	9	1	4	8	6	2
9	8	2	3	5	6	4	7	1
4	1	6	7	2	8	9	3	5
3	6	8	5	9	2	7	1	4
2	4	7	6	3	1	5	8	9
5	9	1	4	8	7	6	2	3
8	2	9	1	7	5	3	4	6
1	5	4	8	6	3	2	9	7
6	7	3	2	4	9	1	5	8

035

1	6	9	2	8	3	7	5	4
2	3	4	1	5	7	8	6	9
5	8	7	4	9	6	2	3	1
6	7	1	9	3	8	5	4	2
4	2	3	7	1	5	9	8	6
9	5	8	6	4	2	3	1	7
3	1	2	5	7	4	6	9	8
7	9	5	8	6	1	4	2	3
8	4	6	3	2	9	1	7	5

036

3	1	8	2	9	5	7	6	4
7	4	2	6	3	8	1	9	5
5	6	9	7	1	4	2	8	3
4	3	7	1	8	6	9	5	2
2	9	1	3	5	7	6	4	8
8	5	6	9	4	2	3	1	7
9	2	4	5	6	3	8	7	1
6	7	5	8	2	1	4	3	9
1	8	3	4	7	9	5	2	6

037

6	8	1	2	4	5	7	9	3
4	2	9	7	3	6	1	5	8
3	5	7	1	8	9	4	2	6
5	1	2	8	6	4	3	7	9
7	4	3	9	2	1	6	8	5
8	9	6	3	5	7	2	4	1
2	6	4	5	1	8	9	3	7
9	3	5	6	7	2	8	1	4
1	7	8	4	9	3	5	6	2

038

5	4	1	3	6	9	8	7	2
8	9	3	1	2	7	4	5	6
6	2	7	5	8	4	1	9	3
2	6	4	9	3	5	7	8	1
3	7	9	4	1	8	6	2	5
1	8	5	2	7	6	9	3	4
4	3	2	7	9	1	5	6	8
7	1	8	6	5	2	3	4	9
9	5	6	8	4	3	2	1	7

039

5	8	2	9	4	6	1	3	7
6	4	3	1	7	8	5	2	9
7	9	1	5	2	3	8	4	6
8	1	4	6	3	9	7	5	2
9	3	7	2	5	1	4	6	8
2	6	5	7	8	4	3	9	1
4	2	6	3	1	7	9	8	5
1	5	8	4	9	2	6	7	3
3	7	9	8	6	5	2	1	4

040

8	7	9	5	4	1	6	2	3
3	6	1	2	8	7	4	5	9
2	4	5	3	6	9	7	8	1
5	3	6	4	7	2	1	9	8
4	9	8	1	5	3	2	6	7
7	1	2	8	9	6	3	4	5
6	2	3	9	1	5	8	7	4
9	8	7	6	3	4	5	1	2
1	5	4	7	2	8	9	3	6

041

6	1	7	9	3	8	4	5	2
8	4	5	6	7	2	3	1	9
9	2	3	4	1	5	8	7	6
3	7	4	2	9	1	5	6	8
2	6	8	5	4	3	7	9	1
5	9	1	8	6	7	2	3	4
4	3	2	1	5	9	6	8	7
1	5	6	7	8	4	9	2	3
7	8	9	3	2	6	1	4	5

042

5	3	9	4	7	1	2	6	8
4	6	7	8	9	2	3	5	1
8	1	2	3	5	6	7	9	4
6	4	5	7	1	9	8	3	2
7	8	1	6	2	3	5	4	9
9	2	3	5	8	4	1	7	6
1	5	8	9	4	7	6	2	3
2	9	6	1	3	5	4	8	7
3	7	4	2	6	8	9	1	5

043

1	6	8	4	2	5	3	7	9
2	5	3	7	9	1	6	8	4
4	9	7	3	6	8	1	5	2
7	8	4	5	3	9	2	6	1
5	3	1	6	8	2	4	9	7
9	2	6	1	7	4	8	3	5
8	7	2	9	1	3	5	4	6
3	4	9	2	5	6	7	1	8
6	1	5	8	4	7	9	2	3

044

6	5	3	7	1	2	8	4	9
9	1	7	4	8	6	5	2	3
8	2	4	9	5	3	7	1	6
7	3	8	5	2	9	1	6	4
4	6	2	1	3	7	9	5	8
5	9	1	6	4	8	2	3	7
1	7	5	8	6	4	3	9	2
2	8	6	3	9	1	4	7	5
3	4	9	2	7	5	6	8	1

045

6	1	3	7	8	9	2	4	5
7	2	4	6	1	5	3	8	9
5	8	9	2	3	4	7	6	1
8	9	1	5	4	2	6	7	3
2	6	5	1	7	3	4	9	8
3	4	7	8	9	6	5	1	2
9	7	6	3	2	8	1	5	4
1	3	8	4	5	7	9	2	6
4	5	2	9	6	1	8	3	7

046

3	1	4	7	2	5	8	6	9
2	5	9	6	8	4	3	1	7
6	7	8	9	1	3	2	4	5
4	9	7	5	3	1	6	8	2
5	6	2	8	4	7	1	9	3
8	3	1	2	6	9	5	7	4
7	8	6	4	5	2	9	3	1
9	2	3	1	7	6	4	5	8
1	4	5	3	9	8	7	2	6

047

6	3	7	8	4	5	9	1	2
8	5	1	7	9	2	3	4	6
4	9	2	1	3	6	5	7	8
5	8	3	4	1	7	2	6	9
1	2	6	9	5	8	7	3	4
7	4	9	6	2	3	8	5	1
9	7	4	3	8	1	6	2	5
2	6	8	5	7	4	1	9	3
3	1	5	2	6	9	4	8	7

048

8	5	7	9	2	6	3	4	1
9	2	3	8	4	1	5	6	7
1	4	6	3	5	7	8	9	2
4	6	8	2	7	9	1	5	3
5	7	9	6	1	3	4	2	8
2	3	1	4	8	5	6	7	9
6	8	4	7	3	2	9	1	5
7	9	5	1	6	8	2	3	4
3	1	2	5	9	4	7	8	6

049

5	4	3	7	9	8	6	1	2
6	1	9	5	4	2	3	7	8
7	8	2	1	6	3	9	4	5
2	3	5	6	7	9	1	8	4
9	6	4	8	2	1	5	3	7
8	7	1	3	5	4	2	9	6
1	9	6	4	8	5	7	2	3
3	5	8	2	1	7	4	6	9
4	2	7	9	3	6	8	5	1

050

3	2	8	9	5	6	7	1	4
4	1	9	3	7	2	5	8	6
7	6	5	4	8	1	2	9	3
2	9	6	5	3	4	1	7	8
8	7	1	2	6	9	3	4	5
5	3	4	7	1	8	9	6	2
1	5	3	8	4	7	6	2	9
9	4	7	6	2	5	8	3	1
6	8	2	1	9	3	4	5	7

051

9	2	7	8	3	4	6	5	1
1	4	5	6	2	7	8	3	9
8	3	6	5	1	9	4	2	7
2	7	1	4	5	3	9	6	8
5	8	3	9	6	1	7	4	2
4	6	9	7	8	2	5	1	3
7	9	2	1	4	6	3	8	5
3	5	4	2	7	8	1	9	6
6	1	8	3	9	5	2	7	4

052

5	2	4	9	6	1	3	8	7
9	1	3	8	7	2	5	4	6
7	6	8	4	3	5	2	1	9
4	5	6	2	9	8	1	7	3
1	8	2	3	5	7	6	9	4
3	9	7	6	1	4	8	5	2
2	3	5	7	8	9	4	6	1
8	4	9	1	2	6	7	3	5
6	7	1	5	4	3	9	2	8

053

1	4	2	6	9	8	3	5	7
6	3	8	5	1	7	9	4	2
7	9	5	4	2	3	1	8	6
3	8	9	2	5	4	7	6	1
4	1	7	8	3	6	2	9	5
5	2	6	9	7	1	8	3	4
2	7	4	3	8	5	6	1	9
9	6	3	1	4	2	5	7	8
8	5	1	7	6	9	4	2	3

054

1	4	8	3	2	7	6	5	9
2	6	7	5	9	4	3	8	1
9	3	5	8	6	1	7	4	2
3	9	6	4	5	2	1	7	8
7	1	4	6	3	8	9	2	5
8	5	2	1	7	9	4	6	3
4	8	9	2	1	6	5	3	7
6	7	3	9	8	5	2	1	4
5	2	1	7	4	3	8	9	6

055

4	5	1	9	6	3	7	8	2
9	8	2	7	4	1	3	6	5
6	3	7	8	5	2	1	9	4
3	1	4	5	8	9	6	2	7
8	2	9	1	7	6	4	5	3
5	7	6	2	3	4	8	1	9
7	6	8	4	2	5	9	3	1
2	9	3	6	1	7	5	4	8
1	4	5	3	9	8	2	7	6

056

3	4	1	5	9	7	2	6	8
7	2	6	4	8	3	5	9	1
5	8	9	1	6	2	3	7	4
4	9	8	6	1	5	7	3	2
2	3	5	8	7	4	6	1	9
1	6	7	2	3	9	4	8	5
9	5	3	7	4	1	8	2	6
8	1	4	3	2	6	9	5	7
6	7	2	9	5	8	1	4	3

057

1	9	8	7	3	2	6	4	5
2	6	4	8	1	5	7	9	3
3	7	5	9	4	6	1	2	8
7	4	3	2	5	9	8	6	1
9	8	2	6	7	1	3	5	4
5	1	6	4	8	3	9	7	2
4	2	7	3	6	8	5	1	9
8	5	9	1	2	7	4	3	6
6	3	1	5	9	4	2	8	7

058

3	4	8	5	7	6	2	9	1
7	6	2	1	3	9	5	8	4
1	9	5	2	4	8	6	7	3
4	5	3	7	6	2	8	1	9
2	7	6	8	9	1	4	3	5
8	1	9	4	5	3	7	2	6
9	3	4	6	2	7	1	5	8
6	2	1	9	8	5	3	4	7
5	8	7	3	1	4	9	6	2

059

6	7	1	5	9	8	4	3	2
4	5	3	2	6	1	8	9	7
8	2	9	4	7	3	6	1	5
3	4	2	9	5	6	1	7	8
9	1	6	3	8	7	5	2	4
7	8	5	1	2	4	3	6	9
5	9	8	6	1	2	7	4	3
1	3	7	8	4	9	2	5	6
2	6	4	7	3	5	9	8	1

060

8	2	1	5	9	7	6	4	3
6	5	4	8	1	3	9	2	7
9	3	7	4	6	2	5	1	8
7	6	5	1	2	8	4	3	9
1	4	2	6	3	9	7	8	5
3	8	9	7	4	5	2	6	1
5	7	3	2	8	6	1	9	4
2	1	8	9	5	4	3	7	6
4	9	6	3	7	1	8	5	2

061

4	9	8	5	1	7	2	3	6
7	2	1	9	3	6	5	8	4
3	6	5	2	4	8	9	1	7
2	8	7	3	6	4	1	9	5
1	4	3	8	5	9	7	6	2
6	5	9	1	7	2	8	4	3
9	7	6	4	8	5	3	2	1
8	3	4	7	2	1	6	5	9
5	1	2	6	9	3	4	7	8

062

1	9	6	2	5	3	7	4	8
3	8	7	4	9	6	2	5	1
4	5	2	1	8	7	3	9	6
2	1	8	6	7	4	5	3	9
6	7	9	3	1	5	8	2	4
5	4	3	8	2	9	1	6	7
9	6	1	7	3	2	4	8	5
8	3	5	9	4	1	6	7	2
7	2	4	5	6	8	9	1	3

063

9	6	8	2	4	5	7	3	1
7	1	2	6	3	8	4	9	5
5	4	3	7	1	9	6	8	2
6	2	1	9	5	4	3	7	8
3	9	4	8	7	2	5	1	6
8	5	7	1	6	3	9	2	4
2	3	6	4	9	1	8	5	7
4	8	9	5	2	7	1	6	3
1	7	5	3	8	6	2	4	9

064

6	4	1	7	3	2	5	9	8
2	8	3	4	9	5	1	6	7
9	5	7	1	8	6	2	3	4
4	3	9	5	1	8	7	2	6
8	7	2	6	4	9	3	1	5
5	1	6	3	2	7	8	4	9
1	6	4	8	5	3	9	7	2
7	9	5	2	6	1	4	8	3
3	2	8	9	7	4	6	5	1

065

3	5	1	2	8	6	9	4	7
8	6	2	4	9	7	5	3	1
7	9	4	5	1	3	2	8	6
6	2	3	1	5	9	4	7	8
1	8	9	6	7	4	3	2	5
5	4	7	8	3	2	6	1	9
4	1	8	3	6	5	7	9	2
2	7	5	9	4	1	8	6	3
9	3	6	7	2	8	1	5	4

066

3	6	7	5	4	2	9	8	1
9	2	5	8	7	1	6	4	3
1	4	8	9	3	6	7	2	5
7	1	3	4	9	8	5	6	2
4	5	2	7	6	3	1	9	8
8	9	6	1	2	5	3	7	4
2	3	9	6	5	4	8	1	7
6	8	4	3	1	7	2	5	9
5	7	1	2	8	9	4	3	6

067

6	4	8	2	1	5	9	7	3
2	7	1	3	6	9	5	8	4
5	9	3	7	8	4	6	2	1
3	6	9	5	7	2	1	4	8
7	8	5	1	4	6	3	9	2
4	1	2	8	9	3	7	5	6
1	2	6	4	5	7	8	3	9
8	5	4	9	3	1	2	6	7
9	3	7	6	2	8	4	1	5

068

7	3	1	9	5	2	4	8	6
9	2	6	7	8	4	1	3	5
5	8	4	3	1	6	2	9	7
1	5	9	2	7	8	3	6	4
3	4	7	1	6	5	8	2	9
2	6	8	4	3	9	7	5	1
6	1	3	8	9	7	5	4	2
4	7	5	6	2	3	9	1	8
8	9	2	5	4	1	6	7	3

069

4	8	2	1	9	3	7	5	6
9	1	7	6	5	8	3	2	4
5	3	6	7	4	2	1	9	8
7	9	4	5	1	6	8	3	2
2	5	3	4	8	9	6	7	1
8	6	1	2	3	7	9	4	5
6	2	8	3	7	5	4	1	9
1	7	9	8	2	4	5	6	3
3	4	5	9	6	1	2	8	7

070

1	5	9	6	3	2	7	8	4
3	6	8	4	7	9	1	2	5
7	4	2	5	8	1	3	6	9
6	9	7	2	5	8	4	1	3
8	2	5	3	1	4	9	7	6
4	3	1	7	9	6	2	5	8
2	7	3	8	4	5	6	9	1
5	1	4	9	6	7	8	3	2
9	8	6	1	2	3	5	4	7

071

5	7	1	9	6	4	8	2	3
3	4	9	1	8	2	6	5	7
2	8	6	3	5	7	9	1	4
9	1	8	7	3	6	2	4	5
7	2	5	8	4	1	3	6	9
4	6	3	5	2	9	7	8	1
8	9	4	6	1	3	5	7	2
6	3	2	4	7	5	1	9	8
1	5	7	2	9	8	4	3	6

072

7	4	1	6	2	8	5	3	9
2	9	6	5	3	7	8	4	1
5	8	3	9	1	4	6	7	2
4	5	7	3	6	1	9	2	8
8	1	9	7	5	2	3	6	4
6	3	2	8	4	9	1	5	7
3	7	4	1	9	5	2	8	6
1	6	8	2	7	3	4	9	5
9	2	5	4	8	6	7	1	3

073

4	6	8	1	5	2	7	9	3
3	2	7	8	9	4	5	1	6
5	1	9	3	6	7	4	2	8
7	5	6	4	3	9	1	8	2
2	4	3	7	1	8	6	5	9
8	9	1	5	2	6	3	7	4
6	8	4	2	7	1	9	3	5
1	3	2	9	4	5	8	6	7
9	7	5	6	8	3	2	4	1

074

4	8	5	2	6	1	3	7	9
9	7	1	8	3	5	4	2	6
3	2	6	9	7	4	1	8	5
1	5	7	6	2	3	8	9	4
6	3	8	1	4	9	2	5	7
2	9	4	5	8	7	6	1	3
7	1	3	4	9	8	5	6	2
5	4	2	7	1	6	9	3	8
8	6	9	3	5	2	7	4	1

075

3	2	9	4	1	5	7	8	6
1	7	8	3	6	2	4	5	9
6	4	5	8	9	7	3	2	1
7	5	1	2	3	9	6	4	8
4	8	2	1	5	6	9	3	7
9	6	3	7	8	4	2	1	5
8	1	7	6	2	3	5	9	4
5	3	4	9	7	1	8	6	2
2	9	6	5	4	8	1	7	3

076

8	4	2	9	3	1	5	7	6
5	3	7	6	2	4	9	1	8
6	9	1	5	8	7	2	3	4
2	6	4	3	5	8	7	9	1
9	8	5	1	7	6	4	2	3
7	1	3	2	4	9	8	6	5
3	7	9	4	6	5	1	8	2
1	5	6	8	9	2	3	4	7
4	2	8	7	1	3	6	5	9

078

9	5	3	7	6	8	4	2	1
6	4	7	1	2	3	9	8	5
2	1	8	5	9	4	3	6	7
8	3	9	2	1	7	5	4	6
5	2	1	8	4	6	7	9	3
4	7	6	3	5	9	2	1	8
7	8	4	9	3	1	6	5	2
3	6	5	4	8	2	1	7	9
1	9	2	6	7	5	8	3	4

077

3	6	8	2	1	7	9	5	4
9	5	7	4	6	8	2	3	1
1	2	4	5	9	3	8	6	7
7	3	2	1	8	5	6	4	9
5	4	1	6	2	9	3	7	8
6	8	9	7	3	4	1	2	5
4	1	3	9	7	6	5	8	2
8	9	5	3	4	2	7	1	6
2	7	6	8	5	1	4	9	3

079

8	4	3	7	5	6	9	2	1
7	2	5	1	9	8	3	6	4
6	1	9	3	4	2	5	7	8
1	7	4	5	3	9	6	8	2
3	9	6	2	8	1	4	5	7
5	8	2	6	7	4	1	9	3
9	6	7	8	1	3	2	4	5
2	5	1	4	6	7	8	3	9
4	3	8	9	2	5	7	1	6

080

3	6	9	4	2	7	1	5	8
7	2	5	8	3	1	9	4	6
4	1	8	6	5	9	7	3	2
5	9	3	2	1	6	8	7	4
8	4	2	9	7	5	3	6	1
6	7	1	3	8	4	5	2	9
9	5	6	1	4	3	2	8	7
1	8	7	5	6	2	4	9	3
2	3	4	7	9	8	6	1	5

081

5	6	8	9	1	4	2	3	7
1	9	3	7	5	2	6	8	4
2	4	7	8	3	6	5	9	1
7	5	4	1	6	8	3	2	9
6	3	1	2	7	9	8	4	5
8	2	9	5	4	3	7	1	6
9	7	5	3	2	1	4	6	8
3	8	6	4	9	7	1	5	2
4	1	2	6	8	5	9	7	3

082

8	5	2	7	6	1	4	9	3
7	4	6	3	2	9	1	5	8
3	9	1	8	5	4	2	6	7
5	1	7	4	3	8	6	2	9
6	3	4	9	1	2	7	8	5
9	2	8	5	7	6	3	4	1
4	6	3	1	8	5	9	7	2
2	7	5	6	9	3	8	1	4
1	8	9	2	4	7	5	3	6

083

1	6	7	4	9	5	2	8	3
9	8	2	3	7	6	5	4	1
3	4	5	2	8	1	6	7	9
4	1	9	8	6	2	3	5	7
6	7	3	1	5	4	8	9	2
5	2	8	7	3	9	1	6	4
2	9	1	6	4	8	7	3	5
8	3	4	5	1	7	9	2	6
7	5	6	9	2	3	4	1	8

084

3	9	1	2	5	8	6	4	7
6	8	7	3	1	4	9	2	5
5	4	2	7	6	9	3	1	8
1	7	8	4	3	2	5	6	9
9	6	4	5	8	7	1	3	2
2	5	3	6	9	1	8	7	4
7	3	9	1	2	5	4	8	6
8	2	6	9	4	3	7	5	1
4	1	5	8	7	6	2	9	3

085

1	4	2	5	9	7	8	3	6
3	6	9	1	4	8	5	7	2
8	5	7	2	6	3	9	1	4
9	1	8	4	7	5	6	2	3
4	7	3	6	8	2	1	9	5
6	2	5	9	3	1	7	4	8
5	3	1	8	2	9	4	6	7
2	8	4	7	1	6	3	5	9
7	9	6	3	5	4	2	8	1

086

4	7	1	6	5	2	3	8	9
6	8	3	1	7	9	4	5	2
9	5	2	8	3	4	1	7	6
1	3	5	7	9	6	2	4	8
8	2	9	3	4	5	6	1	7
7	6	4	2	8	1	9	3	5
3	1	6	5	2	8	7	9	4
2	9	8	4	1	7	5	6	3
5	4	7	9	6	3	8	2	1

087

1	9	2	7	3	5	6	8	4
5	4	7	6	2	8	9	1	3
6	3	8	9	4	1	2	5	7
4	8	3	1	6	9	5	7	2
9	1	5	3	7	2	4	6	8
7	2	6	5	8	4	1	3	9
2	5	9	8	1	3	7	4	6
8	6	4	2	5	7	3	9	1
3	7	1	4	9	6	8	2	5

088

7	6	2	4	8	1	9	5	3
1	3	5	7	6	9	8	4	2
8	9	4	5	2	3	1	6	7
4	8	9	2	5	6	3	7	1
6	7	3	8	1	4	5	2	9
5	2	1	3	9	7	4	8	6
9	1	8	6	7	5	2	3	4
3	5	7	1	4	2	6	9	8
2	4	6	9	3	8	7	1	5

089

8	3	7	4	1	5	2	9	6
9	5	6	8	2	3	7	4	1
4	1	2	7	9	6	5	3	8
2	9	1	3	6	8	4	5	7
5	8	4	2	7	9	1	6	3
7	6	3	1	5	4	8	2	9
3	2	5	9	8	7	6	1	4
6	7	9	5	4	1	3	8	2
1	4	8	6	3	2	9	7	5

090

9	6	2	1	5	4	3	8	7
3	8	1	6	7	9	5	2	4
7	4	5	3	8	2	9	1	6
4	7	6	5	1	8	2	3	9
5	1	9	2	3	7	6	4	8
2	3	8	4	9	6	1	7	5
1	5	7	8	6	3	4	9	2
8	2	3	9	4	5	7	6	1
6	9	4	7	2	1	8	5	3

091

6	7	4	1	9	8	5	3	2
5	2	9	7	3	6	4	8	1
1	8	3	2	5	4	7	9	6
4	6	8	3	7	9	2	1	5
9	5	1	6	4	2	3	7	8
2	3	7	8	1	5	6	4	9
3	4	2	5	8	1	9	6	7
7	1	5	9	6	3	8	2	4
8	9	6	4	2	7	1	5	3

092

8	2	5	1	6	7	9	4	3
9	4	7	8	3	2	5	1	6
1	3	6	9	4	5	2	7	8
7	5	9	3	8	4	1	6	2
4	1	8	2	5	6	7	3	9
3	6	2	7	9	1	4	8	5
2	9	1	6	7	3	8	5	4
5	7	3	4	2	8	6	9	1
6	8	4	5	1	9	3	2	7

093

8	6	1	2	7	3	9	4	5
2	9	7	4	5	6	3	8	1
4	5	3	9	8	1	6	2	7
3	2	5	1	9	7	8	6	4
9	1	6	8	2	4	7	5	3
7	4	8	6	3	5	1	9	2
5	8	9	3	1	2	4	7	6
1	7	4	5	6	9	2	3	8
6	3	2	7	4	8	5	1	9

094

9	4	7	1	8	2	6	3	5
6	5	3	7	9	4	2	8	1
2	1	8	3	5	6	4	9	7
1	3	9	8	2	5	7	4	6
7	8	2	6	4	1	3	5	9
4	6	5	9	7	3	1	2	8
8	7	1	4	3	9	5	6	2
5	9	4	2	6	7	8	1	3
3	2	6	5	1	8	9	7	4

095

7	6	1	2	9	5	8	4	3
2	8	4	7	3	6	9	5	1
5	3	9	4	1	8	2	6	7
8	2	3	9	5	7	4	1	6
4	7	6	3	8	1	5	2	9
9	1	5	6	2	4	7	3	8
1	5	2	8	6	9	3	7	4
6	9	7	5	4	3	1	8	2
3	4	8	1	7	2	6	9	5

096

7	8	1	4	9	3	6	5	2
3	2	6	1	8	5	7	4	9
9	4	5	7	6	2	3	8	1
6	9	7	3	2	4	5	1	8
4	1	2	8	5	7	9	3	6
5	3	8	6	1	9	4	2	7
2	7	3	9	4	1	8	6	5
8	5	9	2	3	6	1	7	4
1	6	4	5	7	8	2	9	3

097

4	7	8	9	5	2	3	1	6
2	9	6	7	3	1	5	4	8
5	1	3	6	4	8	2	9	7
8	4	9	3	2	7	1	6	5
3	5	2	1	8	6	4	7	9
1	6	7	5	9	4	8	3	2
7	3	5	2	1	9	6	8	4
9	2	4	8	6	3	7	5	1
6	8	1	4	7	5	9	2	3

098

7	1	8	2	3	9	5	6	4
4	9	3	1	5	6	7	2	8
6	2	5	7	8	4	1	3	9
8	6	2	9	4	7	3	1	5
3	4	1	5	2	8	9	7	6
9	5	7	6	1	3	4	8	2
2	8	4	3	7	5	6	9	1
5	7	6	8	9	1	2	4	3
1	3	9	4	6	2	8	5	7

099

8	5	6	1	9	4	7	3	2
2	3	4	5	7	6	9	8	1
1	7	9	8	3	2	4	6	5
4	9	7	2	1	3	6	5	8
6	2	5	7	8	9	3	1	4
3	8	1	4	6	5	2	7	9
5	4	8	3	2	7	1	9	6
9	1	3	6	4	8	5	2	7
7	6	2	9	5	1	8	4	3

100

9	1	7	8	6	5	3	4	2
2	4	8	3	7	9	1	6	5
6	3	5	4	2	1	9	8	7
1	7	2	9	4	8	6	5	3
5	6	9	2	3	7	8	1	4
4	8	3	5	1	6	2	7	9
3	9	6	7	8	4	5	2	1
7	5	1	6	9	2	4	3	8
8	2	4	1	5	3	7	9	6

101

6	3	5	9	1	8	4	2	7
7	9	1	4	2	5	3	8	6
4	8	2	3	7	6	1	5	9
3	2	7	6	8	1	9	4	5
9	5	8	7	3	4	6	1	2
1	4	6	2	5	9	8	7	3
5	6	3	8	4	7	2	9	1
2	1	4	5	9	3	7	6	8
8	7	9	1	6	2	5	3	4

102

3	8	9	2	7	6	5	4	1
6	7	1	9	5	4	3	2	8
4	2	5	3	8	1	6	7	9
8	3	4	1	2	9	7	5	6
1	5	7	6	3	8	2	9	4
9	6	2	5	4	7	1	8	3
5	1	6	8	9	2	4	3	7
7	9	3	4	1	5	8	6	2
2	4	8	7	6	3	9	1	5

103

8	3	2	4	5	1	7	9	6
6	1	9	7	2	3	4	8	5
4	7	5	9	6	8	2	1	3
1	2	4	8	7	6	3	5	9
7	5	8	1	3	9	6	2	4
3	9	6	5	4	2	8	7	1
9	6	3	2	1	7	5	4	8
2	4	1	6	8	5	9	3	7
5	8	7	3	9	4	1	6	2

104

1	6	5	2	9	7	8	3	4
8	7	3	4	6	5	9	1	2
4	2	9	8	3	1	5	7	6
3	9	8	7	2	6	1	4	5
7	4	6	5	1	9	2	8	3
2	5	1	3	8	4	6	9	7
5	8	7	9	4	2	3	6	1
9	1	4	6	5	3	7	2	8
6	3	2	1	7	8	4	5	9

106

8	7	1	2	6	5	3	9	4
3	6	9	1	4	8	7	5	2
2	4	5	3	7	9	8	1	6
9	1	6	8	3	2	5	4	7
7	5	2	4	9	6	1	3	8
4	3	8	5	1	7	2	6	9
5	9	4	7	2	3	6	8	1
1	2	3	6	8	4	9	7	5
6	8	7	9	5	1	4	2	3

105

9	5	4	3	7	8	1	6	2
1	6	2	4	9	5	8	3	7
8	7	3	6	1	2	9	5	4
7	2	8	9	5	1	3	4	6
6	4	9	7	8	3	5	2	1
5	3	1	2	4	6	7	8	9
2	8	6	1	3	9	4	7	5
3	9	7	5	6	4	2	1	8
4	1	5	8	2	7	6	9	3

107

1	5	8	4	9	6	7	2	3
6	3	4	7	2	1	8	9	5
7	2	9	3	8	5	1	4	6
8	6	7	9	3	2	5	1	4
9	1	2	5	4	8	6	3	7
5	4	3	1	6	7	2	8	9
4	8	6	2	5	9	3	7	1
2	9	1	6	7	3	4	5	8
3	7	5	8	1	4	9	6	2

108

5	9	3	4	7	2	8	1	6
1	4	6	8	9	3	7	5	2
2	7	8	1	5	6	4	3	9
6	3	7	5	2	4	1	9	8
4	2	1	3	8	9	5	6	7
8	5	9	6	1	7	2	4	3
7	8	4	9	3	1	6	2	5
9	6	5	2	4	8	3	7	1
3	1	2	7	6	5	9	8	4

109

1	9	8	6	3	5	4	2	7
2	5	6	7	4	9	1	8	3
7	3	4	2	8	1	9	6	5
3	8	1	4	9	6	5	7	2
5	6	9	3	2	7	8	1	4
4	7	2	1	5	8	6	3	9
9	2	5	8	6	3	7	4	1
6	4	7	5	1	2	3	9	8
8	1	3	9	7	4	2	5	6

110

5	8	9	4	7	3	2	6	1
1	3	4	2	5	6	7	9	8
2	7	6	1	9	8	5	4	3
7	1	2	3	6	4	8	5	9
6	4	5	8	1	9	3	2	7
3	9	8	5	2	7	4	1	6
8	2	3	6	4	1	9	7	5
9	5	1	7	3	2	6	8	4
4	6	7	9	8	5	1	3	2

111

6	1	7	4	5	9	2	3	8
2	4	5	3	7	8	1	9	6
9	3	8	6	1	2	5	7	4
7	2	3	8	9	5	6	4	1
5	8	1	7	6	4	3	2	9
4	9	6	2	3	1	8	5	7
1	6	2	9	4	3	7	8	5
3	5	9	1	8	7	4	6	2
8	7	4	5	2	6	9	1	3

112

9	1	4	2	7	5	8	6	3
7	3	6	8	4	1	2	5	9
5	2	8	6	9	3	4	1	7
3	8	2	4	1	7	5	9	6
4	9	7	5	6	8	1	3	2
1	6	5	9	3	2	7	4	8
2	5	1	3	8	9	6	7	4
6	7	9	1	2	4	3	8	5
8	4	3	7	5	6	9	2	1

113

6	3	7	1	2	9	5	8	4
8	9	2	5	4	7	6	3	1
5	1	4	8	3	6	2	7	9
2	5	1	3	8	4	9	6	7
7	8	9	6	1	5	4	2	3
3	4	6	7	9	2	8	1	5
9	6	3	4	7	8	1	5	2
1	2	5	9	6	3	7	4	8
4	7	8	2	5	1	3	9	6

114

8	7	2	1	5	3	4	6	9
6	9	1	4	8	7	5	3	2
4	5	3	2	6	9	7	8	1
2	6	9	7	3	5	1	4	8
7	3	8	9	4	1	2	5	6
5	1	4	6	2	8	9	7	3
9	4	5	3	1	6	8	2	7
1	2	6	8	7	4	3	9	5
3	8	7	5	9	2	6	1	4

115

4	3	7	5	6	2	8	9	1
1	5	9	3	8	7	4	6	2
8	6	2	1	9	4	5	7	3
5	4	6	7	3	9	2	1	8
2	1	8	6	4	5	7	3	9
7	9	3	8	2	1	6	5	4
9	8	5	4	7	3	1	2	6
6	2	1	9	5	8	3	4	7
3	7	4	2	1	6	9	8	5

116

1	9	6	2	3	8	4	7	5
3	2	4	5	6	7	9	8	1
8	5	7	4	1	9	6	2	3
2	1	9	6	8	4	5	3	7
6	8	5	7	2	3	1	9	4
4	7	3	1	9	5	2	6	8
5	3	2	9	7	1	8	4	6
9	4	8	3	5	6	7	1	2
7	6	1	8	4	2	3	5	9

117

5	9	7	6	1	8	2	3	4
4	8	6	2	5	3	1	7	9
1	2	3	4	9	7	6	8	5
6	3	8	7	4	5	9	2	1
7	5	1	9	6	2	3	4	8
9	4	2	8	3	1	7	5	6
3	1	9	5	7	4	8	6	2
2	7	5	1	8	6	4	9	3
8	6	4	3	2	9	5	1	7

118

7	8	1	3	6	5	9	2	4
2	6	4	9	1	8	5	3	7
3	5	9	7	2	4	1	8	6
4	1	2	5	9	6	8	7	3
6	3	5	2	8	7	4	9	1
8	9	7	1	4	3	2	6	5
1	7	6	8	5	2	3	4	9
5	2	3	4	7	9	6	1	8
9	4	8	6	3	1	7	5	2

119

6	7	2	5	3	9	1	4	8
9	1	3	4	8	7	2	5	6
8	4	5	6	1	2	9	7	3
7	2	8	1	5	6	3	9	4
4	5	1	3	9	8	7	6	2
3	9	6	7	2	4	8	1	5
2	6	7	9	4	3	5	8	1
5	3	9	8	6	1	4	2	7
1	8	4	2	7	5	6	3	9

120

5	1	8	7	6	2	3	9	4
9	4	3	5	1	8	7	2	6
2	7	6	3	4	9	8	1	5
4	8	9	6	5	3	2	7	1
1	2	5	9	8	7	6	4	3
6	3	7	4	2	1	5	8	9
3	9	1	8	7	5	4	6	2
8	6	2	1	3	4	9	5	7
7	5	4	2	9	6	1	3	8